**JAN
STREMMEL**

# DRECKS
# ARBEIT

*Für Levin*

JAN
STREMMEL

# DRECKSARBEIT

## GESCHICHTEN AUS DEM MASCHINENRAUM UNSERES BEQUEMEN LEBENS

KNESEBECK *Stories*

# INHALT

# DIE STADT DER BUNTEN FLÜSSE

Wenn ich daran zurückdenke, war die Idee mit den Turnschuhen wirklich dumm. Keine Frage, ich bin selber schuld, dass ich heute kleine, kreisrunde Narben auf dem rechten Fuß habe. Aber wie es oft ist mit besonders dummen Ideen, so war ich damals überzeugt, sie sei besonders schlau. Ich hatte in etwa gedacht: Welcher Trottel zieht in einer düsteren Fabrik, in der überall offene Fässer mit Chemikalien herumstehen und auf dem Boden bunte Pfützen vor sich hin blubbern – wer zieht hier bitte seine Schuhe aus?

Es hätte mich stutzig machen müssen, dass das alle außer mir taten. Die Männer, die in der indischen Färberei seit Jahren mit Säuren und Laugen hantierten, waren allesamt barfuß oder trugen Flip-Flops. Aber als europäischer Schlaufuchs, der Chemie in der Schule mit einer knappen Vier abgewählt hatte, war ich mir sicher, dass ich recht hatte. Ich beschloss also, dass meine Turnschuhe dranblieben – und verätzte mir den Fuß.

Viele Chemikalien, mit denen man in Färbereien arbeitet, beginnen erst nach ein paar Minuten zu wirken. Die Arbeiter hatten deshalb einen Trick: Sobald sie Soda oder Lauge auf die Haut bekamen, schütteten sie mit einer beiläufigen Bewegung etwas Wasser aus kleinen Eimern über ihre Füße oder Hände. Und schon war die Gefahr gebannt. Meine Stoffturnschuhe jedoch wirkten wie Schwämme, die jede Flüssigkeit, jedes Pulver aufsaugten, mit dem sie in Berührung kamen, und alles zu einem brennenden Cocktail vermengten, der langsam in meine Socken suppte.

Nach einer Stunde spürte ich ein Stechen am Außenrist. Hatte ich eine Wespe im Schuh? Ich ignorierte es. Nach drei Stunden hatte sich das Stechen zu einem Pochen entwickelt, das sich eher nach einem gebrochenen Zeh anfühlte. Aber ich hatte zu tun.

Nach elf Stunden war ich dann zurück im Hotel. Ich schälte meine nassen Sportsocken vom Fuß und war überrascht: Sie hatten sich stellenweise aufgelöst. Und wo meine Schuhe Löcher für Schnürsenkel hatten, waren jetzt blutige Löcher in meinem Fuß. So lernte ich die wichtigste Lektion des Tages: Baumwollfärber sollten keine Turnschuhe tragen.

Die Färberei lag inmitten eines Wohngebiets. Wir waren anderthalb Stunden vom Zentrum Kalkuttas nach Nordosten gefahren. Statt Hochhäusern oder Wellblechhütten wie im Rest der Stadt standen hier vierstöckige Häuser mit Vorgärten und gelb gestrichenen Fassaden. Die Morgensonne blitzte durch Palmen, die Straße war leer bis auf eine Kuh und ein paar freundliche Straßenhunde. Nichts deutete darauf hin, dass wir in der Nähe einer Färberei waren – bis ich die Autotür öffnete und den ersten Atemzug nahm.

Der extrem unangenehme Geruch von Ammoniak – stechend und schwer zugleich – lag in der Luft. Es ist ein Aroma, bei dem der Körper automatisch das Einatmen unterbricht und auf Alarm schaltet. Früher hat man diesen Stoff als Riechsalz verwendet, um in Ohnmacht gefallene Damen aufzuwecken. Ich kannte den Geruch aber von woanders: Vom Friseur. Es roch, als würde ein größenwahnsinniger Figaro hundert Kundinnen gleichzeitig die Haare blondieren.

Hinter einer Mauer stand das Gebäude, aus dem der Gestank kam. Die Fassade war aus unverputztem Beton. Statt Fenstern klafften darin schwarze Löcher, in denen rostige Gitter hingen. Das Haus war nicht größer als die Wohnhäuser nebenan, wirkte aber wie deren böser Zwilling.

Wer über die Textilindustrie spricht, denkt ja normalerweise an Nähereien. Die Bilder von Sweatshops, in denen Frauen in langen Reihen an Nähmaschinen sitzen, gingen spätestens 2013 um die Welt, als in Bangladesch die Textilfabrik Rana Plaza einstürzte. Mehr als elfhundert Arbeiterinnen und Arbeiter kamen in den Trümmern um, mehr als zweitausend wurden verletzt. Sie hatten in dem achtstöckigen Betonklotz für diverse europäische Billigmarken Klamotten genäht.

> **IN DIESER WELT DER SUB-SUB-SUB-UNTERNEHMER, DER KLEINLIEFERANTEN UND HINTERHOF-FABRIKEN, SIEHT MAN THEMEN WIE ARBEITS- ODER UMWELT-SCHUTZ IMMER NOCH LOCKER. UND GENAU HIER WOLLTEN WIR HIN: IN DEN TOTEN WINKEL DER GLOBALISIERUNG.**

Solche Großfabriken beliefern entsprechend große Auftraggeber. Einige der Letzteren haben seit der Katastrophe versprochen, mehr auf Sicherheit zu achten. Seither führen Marken wie KiK oder Tchibo immer wieder westliche Journalistinnen und Influencer durch aufgeräumte Vorzeigefabriken und zeigen stolz, dass es jetzt sogar Feuerlöscher und Fluchttreppen gibt. Das ist natürlich alles nicht schlecht. Aber diese Show wollten wir uns sparen.

Denn die Großfabriken mit den riesigen Chargen sind nicht mehr das Hauptproblem. Dort ist das Augenmerk von Kunden und Presse inzwischen so sensibilisiert, dass die meisten Hersteller auf die Regeln achten. Ausgebeutet werden Arbeiterinnen und Arbeiter natürlich immer noch. Nur passiert das Insidern zufolge eher in den kleineren Fabriken; wo nicht die großen Player, son-

dern die Mittelständler produzieren lassen. Die wenigen Vorzeigefabriken, die sich die teuren Werksprüfungen leisten können, mit
denen sich die westlichen Konzerne absichern wollen, haben viel
zu wenig Kapazitäten. Also lagern sie Teile ihrer Produktion aus
in Schwester- oder Tochterbetriebe, in die sich kein Kontrolleur je
verirrt. In dieser Welt der Sub-Sub-Subunternehmer, der Kleinlie-
feranten und Hinterhof-Fabriken, ist Arbeits- oder Umweltschutz
immer noch kein Thema. Und genau hier wollten wir hin: in den
toten Winkel der Globalisierung.

> **IN KALKUTTA SAH ICH HOCHZEITSPAARE
> AUF VERGOLDETEN PFERDEKUTSCHEN,
> ABGEMAGERTE STRASSENKINDER AUF
> DER SUCHE NACH ESSEN, PRIVATHELI-
> KOPTER, DIE AUF WOHNHÄUSERN LAN-
> DETEN UND MENSCHEN, DIE SICH ZUM
> STERBEN AN DEN STRASSENRAND GE-
> LEGT HATTEN.**

Wie alle indischen Metropolen hatte auch Kalkutta den Charme
einer prächtigen Modelleisenbahnstadt, die man in einem Amei-
senhaufen versenkt hatte. Verwitterte Kolonialgebäude, weitläufige
Parks, eine Handvoll Wolkenkratzer – und ein nie enden wollen-
der Strom von Menschen: Zu Fuß, auf Motorrädern, Fahrrädern,
Tuk-Tuks und Rikschas, gesprenkelt von gelben Flecken, den alten
britischen Taxis, die hier noch in Gebrauch waren. Mich faszinierte
Indien seit meiner ersten Reise hierher. Es war gelebte postkolonia-
le Improvisationskunst.

Die fast fünfzehn Millionen Bewohner des Großraums Kalkutta
schienen mir des Öfteren ein einziger intelligenter Organismus zu

sein. Tat sich irgendwo ein Zwischenraum auf, egal ob bei parkenden Autos oder unter einem Brückenpfeiler, führte ihn der Organismus augenblicklich irgendeinem Zweck zu. Jeder Quadratmeter wird genutzt: zum Essen oder Schlafen, zum Handeln, Streiten oder Betteln. In Kalkutta sah ich Hochzeitspaare auf vergoldeten Pferdekutschen neben abgemagerten Kindern auf der Suche nach Essen, Privathelikopter, die auf Wohnhäusern landeten und Menschen, die sich zum Sterben an den Straßenrand gelegt hatten.

Die Gleichzeitigkeit all dieser Eindrücke war ein Schock, obwohl ich nichts anderes erwartet hatte. Kalkutta steht schon seit Jahrzehnten gleichbedeutend für Armut; spätestens seit Mutter Teresa dort in den Armenhäusern gewirkt hat. Die Stadt liegt in Westbengalen, an der Ostgrenze Indiens, direkt neben Bangladesch. Man spricht dieselbe Sprache: Bengalisch. Die großen Modekonzerne lassen ihre Waren aber schon lange nicht mehr in Kalkutta herstellen, wo der Mindestlohn hundertsiebenunddreißig US-Dollar im Monat beträgt. Für die auf Gewinnmargen fixierte Textilbranche ist das zu viel. Sie ist größtenteils nach Bangladesch abgewandert. Dort ist der Mindestlohn halb so hoch.

Die Industrie von Kalkutta schien mir ein ähnliches Improvisationstalent zu haben wie seine Bewohner. Unter Zeltplanen in Hinterhöfen ratterten Nähmaschinen Jeans zusammen. In leer stehenden Bauruinen schweißten Männer Anhängerkupplungen. Und vom Highway aus sah man auf den Dächern zehnstöckiger Mietshäuser überall dampfende Blechbaracken, vor denen hauptsächlich rot und gelb gefärbtes Leder zum Trocknen auslag. Flachdächer bedeuteten wertvollen Platz. Also gerbte man dort Tierhäute, direkt neben Privatwohnungen.

Der Chef unserer Färberei, ein Bengale mit randloser Brille und dicken Ringen, begrüßte uns in seinem winzigen Büro. Es ging los mit einer kleinen Einweisung. Die bestand größtenteils aus einem Herunterrattern seines Lebenslaufs. Er hatte es, erzählte er, als erstes Kind seiner Familie auf die Universität geschafft und schließlich zum Fabrikanten mit dreißig Mitarbeitern. Die bekämen alle mehr als den Mindestlohn und seien sehr zufrieden. Ansonsten hatte er nur eine Regel für uns: Würde einem von uns schwindelig, müssten wir sofort abbrechen. Damit entließ er uns.

Neben ein paar blauen Kanistern wartete Uttam. Ein kleiner, schüchtern lächelnder Mann mit Schnurrbart. Er war Mitte dreißig, sah aber – wenn man von seinen Zahnlücken absah – zehn

Jahre jünger aus. Mit ihm würde ich heute arbeiten. Ich wollte wenigstens einen Tag im Leben eines Färbers erleben.

Im Erdgeschoss der Fabrik lag die Höhle. Ein fensterloser verwinkelter Raum, schummrig beleuchtet von drei oder vier Glühbirnen. An den Wänden standen riesige malmende Maschinen und Kessel, vor oder auf denen kleine Männer in Unterhemden oder mit freiem Oberkörper herumkletterten, Pulver aus Säcken hineinschütteten, Stoffbündel herauszogen, Hebel umlegten. Es zischte, brummte und blubberte.

Ich musste an ein Gemälde von Adolph von Menzel denken, in dem er die Arbeit in einem schlesischen Eisenwalzwerk gegen Ende des neunzehnten Jahrhunderts festgehalten hat: Die Öfen und Walzen als düstere Monster, die sich offenbar nur mit Müh und Not von Menschen in Schach halten lassen. Das Bild dokumentiert die Brachialgewalt der frühen Industrialisierung, in der der Mensch den Maschinen zu dienen schien und nicht umgekehrt. Fast hundertfünfzig Jahre danach sind die deutschen Fabriken größtenteils heller und sauberer. Gewerkschaftskonform. Die menschenfeindliche Industrie gibt es natürlich weiterhin. Nur eben nicht mehr so sichtbar.

Quer durch die Höhle verlief im Zickzack eine offene Rinne; wie ein kleines, betoniertes Bachbett. Sie führte zu einem quadratischen Loch in der Mauer. In dieser Rinne war kein Wasser; die Arbeiter stiegen routiniert darüber hinweg. Der Sinn des Ganzen erschloss sich mir nicht, aber ich prägte mir ein, wo die Rinne verlief, um mir im Halbdunkel später nicht den Knöchel zu brechen.

Uttam blieb vor einer Maschine stehen, die im Moment stillstand. »Das ist unsere erste Aufgabe.« Ein Gebirge lose zusammengeworfener, beiger Stoffbahnen erhob sich vor uns. Das Material, wie die Spinnerei es geliefert hatte: Fünfundzwanzig Schläuche, jeder vierzig Meter lang und einen halben Meter breit. So sah also ein Kilometer Baumwolle aus. Das Tagewerk eines Färbers.

Beim Ankleiden war ich zum Glück vertrauensvoller als bei der Sache mit den Schuhen. Ohne Umschweife legte ich die komplette Sicherheitskleidung an, die Uttam mir anbot. Sie bestand aus einer Plastikfolie, die ich mir um die Hüfte band. Das war's.

> **DIE FÄRBEREI IST DER GIFTIGSTE SCHRITT IN DER HERSTELLUNG VON TEXTILIEN. ES BRAUCHT HUNDERTE CHEMIKALIEN, UM BAUMWOLLE ODER KUNSTFASERN ZU FÄRBEN. DIE MEISTEN SIND GIFTIG, ÄTZEND, KREBSERREGEND, HORMONELL WIRKSAM ODER ALLES AUF EINMAL.**

Die Maschine hieß in der Sprache des Färberhandwerks Haspelkufe, las ich später in einem Handbuch. So ein Ding besteht grob gesagt aus einer Wanne, in die ein kleines Auto passen würde; darüber drehen sich ein paar Walzen. In die spannten wir nun erst mal die Stoffbahnen ein, sodass die Haspelkufe sie endlos im Kreis durch die Flüssigkeit in der Wanne ziehen konnte. Im Mittelalter erledigten die Färber das noch von Hand, indem sie mit Stöcken stundenlang in Fässern herumstocherten. Insofern hätte es schlimmer kommen können.

Der Profi nennt die Flüssigkeit in der Wanne Flotte. Diese Flotte besteht zuerst mal aus einer Natronlauge. Durch sie soll sich der Farbstoff später besser an den Stoff binden. Aber nun holte Uttam die Farbe. Sie war in diesen blauen Kanistern, die vor der Tür gestanden hatten. Und schließlich schleppten wir noch einen zentnerschweren Sack Soda aus einem Nebenraum. Dann schütteten wir alles in einem Bottich zusammen. Während ich mit einer Holzlatte rührte und Uttam schüttete, dampfte und blubberte es. Ich atmete normal weiter – und übergab mich fast. Messerscharfer Chlorgeruch brannte in meinem Hals. Ich würgte, meine Augen tränten. Uttam guckte erschrocken. Wir gingen eine Runde an die frische Luft, wo wir zufällig dem Fabrikbesitzer begegneten. Er gab mir den Rat, zum Schutz vor den Dämpfen einfach den Kragen meines T-Shirts vor Mund und Nase zu ziehen. Manchmal liegt die Lösung so nah.

Die Färberei ist der giftigste Schritt in der Herstellung von Textilien. Es braucht Hunderte Chemikalien, um Baumwolle oder Kunstfasern zu färben. Die meisten sind giftig, ätzend, krebserregend, hormonell wirksam oder alles auf einmal. In deutschen

Färbereien tragen die Arbeiter und Arbeiterinnen Atemschutz, Kittel, Stiefel und Handschuhe. Die Filterung des Abwassers ist aufwendig und teuer. Konsequent, dass jede Firma, die Klamotten günstig verkaufen will, diese in Asien färben lässt. So geschieht alles außer Sichtweite. Und so stiehlt man sich aus der Verantwortung.

> **DAS GRUNDWASSER VON KALKUTTA IST MASSIV MIT GIFTSTOFFEN AUS DER INDUSTRIE BELASTET. FÜR DEN STAAT SIND EINE MILLION TOTER FISCHE AKZEPTABLER ALS EINE MILLION GEFÄHRDETER ARBEITSPLÄTZE.**

Ein paar Stunden später verstand ich auch die Funktion der Betonrinne. Die Haspelkufe hatte unseren Kilometer Stoff lange genug durch die blaue Wasser-Farb-Chlor-Lösung gezogen. Das Beige der Baumwolle war einem fast schwarzen Blau gewichen. Uttam stoppte die Walzen und legte irgendwo in den Eingeweiden der Maschine einen Hebel um. Die heiße Brühe gluckerte aus der Wanne und in den Kanal. Ein nachtblauer, schaumiger Strom schoss quer durch die Höhle, vorbei an den anderen Maschinen und Arbeitern, dem Loch in der Mauer entgegen.

Von draußen strahlte ein Spalt Sonne in die Düsternis. Ich bückte mich und sah raus. Hohe Gräser bewegten sich im Wind, dahinter verlief ein Bächlein, das ich vorher nicht gesehen hatte. Dort hinein entleerte sich jetzt mit einem Tosen der Inhalt unserer Färbemaschine. Ein paar hundert Liter Lauge verschwanden in der Natur. Mit einem metallischen Quietschen schloss Uttam die Klappe in der Maschine, nickte zufrieden und sagte: »Zeit für die Mittagspause.«

Natürlich fragte ich ihn, ob er es nicht irgendwie seltsam fände, das ganze Abwasser in den Bach zu leiten. Seine Antwort: »Nein, keine Sorge, das Wasser ist nicht giftig.« Zu diesem Zeitpunkt brannte mein rechter Fuß schon intensiv, und ich konnte mir nach meinem Würgeanfall lebhaft vorstellen, was passieren würde, wenn Slumbewohner flussabwärts darin badeten oder ihren Reis damit kochten. Es war offensichtlich eine riesige Sauerei.

Gleichzeitig hätte ich es anmaßend gefunden, Uttam einen Vorwurf zu machen. Er folgte den Anweisungen, die ihm der Chef der Fabrik gegeben hatte. Das Grundwasser von Kalkutta ist massiv mit Giftstoffen aus der Industrie belastet. Für den Staat sind eine Million toter Fische akzeptabler als eine Million gefährdeter Arbeitsplätze.

**ALS IN BANGLADESCH NACH DUTZENDEN BRÄNDEN IN NÄHEREIEN DIE STANDARDS FÜR ARBEITSSCHUTZ ZUMINDEST EIN BISSCHEN STIEGEN, UND DAMIT AUCH DIE KOSTEN, ZOGEN VIELE MODEKONZERNE IHRE AUFTRÄGE SCHON WIEDER AB.**

Aber letztlich liegt die Verantwortung natürlich bei den Auftraggebern aus Übersee. Bei den Konzernen, deren Einkäufer in der Limousine anreisen und dunkelblaue Baumwolle so billig wie möglich bestellen – weil sie so selbst dann noch eine gute Marge kassieren können, wenn sie T-Shirts für vier Euro verkaufen. Sie müssen wissen, dass ein kleiner indischer Lieferant diesen Preis nur bieten kann, wenn er beim Umwelt- und Arbeitsschutz spart.

Es ist das klassische Lieferkettenproblem. Je mehr Stationen eine Ware durchläuft, bis sie beim Auftraggeber in Europa ankommt, desto wahrscheinlicher werden auf dem Weg Mensch und Umwelt ausgebeutet. Während ich in Indien in der Fabrikhöhle stand, diskutierte die deutsche Bundesregierung über die Einführung eines Gesetzes, das dem ein Ende bereiten würde. Bislang können Firmen die Verantwortung einfach auf die Subunternehmer schieben. Nach dem Motto: »Kinderarbeit auf der Kakaoplantage? Schlimm, aber nicht unsere Schuld. Wir wussten von nichts.« Das sogenannte Lieferkettengesetz würde große Unternehmen für die Zustände entlang aller Stationen haftbar machen.

> **FÜR EINE NÄHERIN BETRÄGT DER GESETZLICHE MINDESTLOHN IN ÄTHIOPIEN 21 US-DOLLAR IM MONAT. ETWA EIN DRITTEL VON DEM IN BANGLADESCH.**

Wir fanden nie heraus, für welchen Kunden wir an diesem Tag Baumwolle gefärbt hatten. Der Fabrikchef ließ uns natürlich nicht in seine Bücher gucken. Und anders als bei fertigen Kleidungsstücken sieht man bei Stoffballen noch nicht, welches Etikett am Ende eingenäht wird. Wir erfuhren nur, dass die Näherei daraus Unterhosen für einen europäischen Discounter herstellen würde.

Hinter der Idee des Lieferkettengesetzes steht eine bittere Erfahrung. Im globalen Süden endet die Ausbeutung oft erst, sobald ausländische Kunden Regeln vorgeben. Die deprimierende Wahrheit ist: Für Regierungen und Unternehmer in Entwicklungsländern sind Hungerlöhne und fehlender Umweltschutz Standortvorteile. Wer den niedrigsten Preis bietet, bekommt den Auftrag. Als in Bangladesch nach Dutzenden Bränden in Nähereien die Standards für Arbeitsschutz zumindest ein bisschen stiegen, und damit auch die Kosten, zogen viele Modekonzerne ihre Aufträge schon wieder ab. H&M, Levi's, Calzedonia, Calvin Klein, Tommy Hilfiger, Tchibo, Aldi und Lidl lassen ihre Kleidungsstücke inzwischen in Äthiopien herstellen. Der gesetzliche Mindestlohn für eine Näherin beträgt dort 21 US-Dollar im Monat. Etwa ein Drittel von dem in Bangladesch. Was natürlich nur zum Leben reicht, wenn man zu fünft in einer Lehmhütte haust und keine Familie ernähren muss.

Das ist das Problem des unregulierten Arbeitsmarkts: Sobald nur Angebot und Nachfrage die Löhne bestimmen, findet sich bei acht Milliarden Menschen immer jemand, der den Job für noch weniger Geld macht. Ausbeutung ist die Folge. Und die Konsequenzen tragen jene, die sich am wenigsten wehren können: die Ärmsten der Armen. Und die Natur.

Das Lieferkettengesetz soll das umdrehen. Die Idee ist: Wenn Konzerne haftbar sind für alles, was auf der langen Reise ihrer Produkte passiert, fordern sie von ihren Lieferanten auch mit Nachdruck bestimmte Standards ein. Dann wird Arbeits- und Umweltschutz zum Standortvorteil. Es gewinnt nicht mehr derjenige den Auftrag, der das meiste aus seinen Arbeitern herauspresst, sondern der, der den Kunden garantieren kann, dass bei ihm keine Kinder schuften und kein Gift im Fluss landet. Viele deutsche Unternehmen sind für das Gesetz. Denn Firmen, die jetzt schon verantwortungsvoll arbeiten, haben dann endlich keinen Nachteil mehr.

Das Thema beschäftigt immer mehr Industriestaaten. In Frankreich und den Niederlanden gibt es schon länger solche Gesetze, in Österreich wird es diskutiert, in der Schweiz scheiterte im November 2020 ein Volksentscheid knapp, der eine besonders strenge Regelung einführen wollte. Die deutsche Bundesregierung hat sich Anfang 2021 auf ein Lieferkettengesetz geeinigt, nachdem eine Umfrage ergeben hatte, dass nur ein sehr kleiner Teil der deutschen Unternehmen seine Zulieferer freiwillig kontrolliert. Allerdings kritisieren Menschenrechts- und Umweltorganisationen den Entwurf als ungenügend. Auf Druck des CDU-geführten Wirtschaftsministeriums greift es zunächst nur für Unternehmen mit mehr als dreitausend Mitarbeitern, klammert also kleine Unternehmen und den sogenannten Mittelstand aus – in dem immer noch die Mehrheit der Menschen beschäftigt ist. Und es umfasst keine zivilrechtliche Haftung. Oxfam zufolge »droht das Gesetz ins Leere zu laufen«.

An der Treppe zur Kantine drückte mir Uttam eine Flasche in die Hand. Waschbenzin. Er rieb damit seine Hände ab und wischte sie an seinem Shirt trocken. Meine Arme waren fast bis zum Ellbogen blau verspritzt. Das Benzin verwässerte immerhin den Farbton auf meinen Händen zu einem hellen Grau. Dafür rochen sie jetzt, als gehörten sie einem Tankwart. Wir aßen mit den Händen.

Über die Jahre habe ich als Reporter die Beobachtung gemacht, dass die Menschen, egal wo auf der Welt und unter welchen Bedingungen sie auch arbeiten, das Mittagessen doch meist in überraschend ähnlicher Weise einnehmen. Von der Blumenfarm in Kenia bis zur Spielzeugmanufaktur in China sind fast alle Kantinen der Welt gekachelte Räume mit schlichten Tischen, an denen einfaches Essen auf Teller geklatscht und in Ruhe gegessen wird. Vorher und nachher kann der Job noch so anstrengend, gefährlich oder unhygienisch sein – das Essen ist eine Ruhephase.

Bei den Färbern in Kalkutta war das anders. Fand ich schon die Fabrik gruselig, war die Kantine die nächste Stufe des Horrors. Im Grunde ist schon der Begriff irreführend. »Essloch« wäre treffender. Es handelte sich um eine Art Hohlraum zwischen der Halle und dem darüberliegenden Stockwerk. Er hatte eine Deckenhöhe von knapp anderthalb Metern. Darin lagerten blaue Kunststofffässer mit giftigen Chemikalien. In diesem Hohlraum krabbelten die Färber jetzt nacheinander hinein, setzten sich im Schneidersitz auf den nackten Beton, nahmen sich schmuddelige Plastikschälchen und schaufelten Reis und gelbes Hühnchencurry aus zwei Töpfen, die jemand dort hingestellt hatte – dann aßen sie stumm mit der rechten, meist blau gefärbten Hand.

Seit dreiundzwanzig Jahren arbeitete Uttam als Färber, erzählte er mir beim Essen. Das bedeutete, dass er mit ungefähr zwölf Jahren angefangen hatte. Er kam aus Bangladesch; seine Frau lebte mit den drei Kindern dort in einem Dorf. Ihnen schickte er den Großteil seines Lohns. Alle drei Monate besuchte er sie. Für eine Woche. »Ich bin sehr zufrieden mit meiner Arbeit«, sagte er.

Ich hatte während der Anreise ein paar Statistiken gelesen. Demnach kauft jeder Deutsche im Schnitt sechzig Klamotten im Jahr; so viele wie noch nie. Wir besitzen jeder durchschnittlich zweiundneunzig Kleidungsstücke – Socken und Unterwäsche nicht mitgezählt. Knapp die Hälfte davon tragen wir fast nie. Insgesamt zwei Milliarden Klamotten lagern nutzlos in deutschen Schränken. Ein T-Shirt tragen wir heute im Schnitt kaum öfter als die Plastiktüte, in der wir es aus dem Laden mitgenommen haben.

Das ist der Erfolg der Fast Fashion; einer der genialsten Erfindungen der letzten Jahrzehnte, wirtschaftlich gesehen. Konzerne wie H&M haben die Menschen in den Industrieländern seit den Neunzigern mit immer billigerer, immer schneller wechselnder Mode angefüttert. H&M oder Zara bringen heute knapp fünfzig Kollektionen im Jahr heraus. Für ein T-Shirt muss man kaum mehr zahlen als für einen Cappuccino. Toll für die Kunden.

Und noch toller für die Konzerne. Der Absatz von Klamotten hat sich in den vergangenen zwanzig Jahren weltweit verdoppelt – auf knapp zwei Billionen Dollar pro Jahr (das sind kaum zu begreifende zweitausend Milliarden). Amancio Ortega, der Gründer von Zara, ist der sechstreichste Mensch der Erde.

Toll ist die Entwicklung auch für die Lieferanten: Sie stellen heute mehr als doppelt so viele Kleidungsstücke her wie vor zwanzig Jahren; nämlich mehr als hundert Milliarden.

Nur nicht so toll für die Umwelt – die die Rohstoffe für diesen Wahnsinn zur Verfügung zu stellen hat und das Gift schlucken muss, das dabei anfällt. Dazu kommt, dass die Qualität der neuen Schnellmode so mies ist, dass man sie gebraucht kaum noch wiederverwenden kann. Was insofern gar nicht so schlecht ist, als die Lager der Secondhandläden ohnehin voll sind.

Als ich Uttam von dem Phänomen der Fast Fashion erzählt hatte, und dass viele Europäer ein Shirt nur zweimal tragen, bevor sie es wegwerfen, entstand erst mal eine unangenehme Pause. Er guckte zu unserem Dolmetscher, der meine Erklärung ins Bengalische übersetzt hatte, als müsse er sich verhört haben. Der Dolmetscher wiederholte den Satz und nickte. Uttams Miene verdüsterte sich. Es fehlte nicht viel, und ihm wäre ein Batzen Reis aus der Hand gefallen. »Das kann ich nicht glauben«, murmelte er. »Aber wenn das wirklich so ist, macht es mich sehr traurig.«

Solche Momente hatte ich schon öfter erlebt: Der Stolz auf die eigene Arbeit, der selbst einen armen Kaffeepflücker im kolumbianischen Hinterland strahlen ließ, wenn man ihn fragte, ob er seinen Job mochte. Ich bin überzeugt, die meisten Menschen arbeiten gerne. Es erfüllt uns mit Sinn, unsere Lebenszeit in etwas zu investieren, das andere Menschen wertschätzen. In diesem Sinn hatte auch Uttam einen Berufsstolz. Und den hatte ich nun erschüttert. Vielleicht täusche ich mich, aber mir war so, als hätte er ab diesem Moment durchgehend eine kleine Sorgenfalte auf der Stirn gehabt.

Am Nachmittag luden wir die gefärbten Stoffbahnen in eine Schleuder, um die Flüssigkeit rauszukriegen. Danach schleppten wir sie in den vierten Stock, wo wir sie zum Trocknen auf Drahtseile hängten. Von dort warfen wir sie schließlich in den Hinterhof, zogen sie nacheinander über eine drei Meter hohe Röhre aus durchlöchertem Metall, aus der heiße Luft blies. So wurde der Stoff endgültig trocken und glatt.

Es war nach einundzwanzig Uhr und meine Schläfen pochten von den Dämpfen in der Fabrik. Selbst der Smog Kalkuttas, der uns draußen erwartete, erschien mir jetzt so erstrebenswert wie Tiroler Bergluft. Der Großteil der Fabrik war dunkel und still, als wir den Berg gewaschener und getrockneter Baumwolle vor einer Art monströsem Bügelbrett abluden. Im letzten Arbeitsschritt bügelte diese Mangel die Bahnen und drehte sie straff in fünfundzwanzig identische Rollen – das finale Produkt der Färberei. Am nächsten Morgen würde ein Fahrer sie abholen und an die Näherei liefern.

Während Uttam und ich die Mangel fütterten, versammelte sich eine Gruppe Arbeiter um uns. Ich kannte ein paar vom Mittagessen. Sie trugen frische Shirts, einige hatten nasse Haare und rochen nach Rasierwasser. Sie standen da und guckten amüsiert zu, wie ich mich abmühte.

»Was machen die hier?«, fragte ich Uttam.

»Sie haben Feierabend.«

»Warum gehen sie dann nicht nach Hause?«

Uttam guckte irritiert, als hätte ich einen Witz gemacht, den er nicht verstanden hatte. »Sie sind doch zu Hause. Sie wohnen hier.«

Jetzt wiederum guckte ich so, als hätte er gescherzt. Aber das hatte er natürlich nicht. War die Arbeit erledigt, duschten die Färber sich in einem Kabuff neben den Maschinen, gingen rauf in den dritten Stock und rollten dort auf dem Betonboden Schaumstoffmatten aus. Der böse Zwilling der umliegenden Wohnhäuser war tatsächlich ihre Unterkunft.

# UNTER SANDRÄUBERN

Irgendwas stimmte nicht; das hatte ich von Anfang an gespürt. Die Boeing 737 der Royal Air Maroc war zehn Minuten vorher vom Münchner Flughafen gestartet. Jetzt erlosch, irgendwo über Rosenheim, mit einem Bing das Anschnallzeichen. Die Frau neben mir stand auf und zog eine dicke rote Fleecedecke aus dem Gepäckfach über uns. Überall in den Reihen vor und hinter mir ging das Sitzverstellen und Gemütlichmachen vor einem Nachtflug los. Nur die seltsame Gruppe Männer hinten in der Kabine rührte sich nicht.

Flug AT823 von München nach Casablanca war halb leer. Vor dem Einsteigen hatten wir eine halbe Stunde im Bus auf dem Rollfeld gewartet, während zwei Autos der Bundespolizei mit laufenden Motoren vor dem Flugzeug standen. Schließlich waren zwei Uniformierte aus der Maschine gestiegen und weggefahren. Als sich endlich die Bustüren öffneten, stieg ich die Treppe rauf und in den Flieger; als einer der Ersten. Dachte ich jedenfalls. Aber im Heck, bei den Toiletten, saß bereits regungslos diese Gruppe. Fünf schwarzhaarige Männer, hintereinander auf den Fensterplätzen, in sich versunken, als wären sie im Moment des Hinsetzens eingeschlafen. Und neben ihnen, auf den Plätzen am Gang, fünf kräftige Männer in Kurzarmhemden, die hellwach und etwas grimmig nach vorne guckten. Was war das für eine seltsame Truppe, in der niemand sprach, niemand lachte? Und warum verteilten sie sich nicht auf die vielen freien Reihen?

Ich löste den Gurt, stand auf und schwankte nach hinten. Das vorderste Kurzarmhemd blickte sofort misstrauisch auf. Ich lächelte, guckte suchend in Richtung Toilettentür und schob mich vorbei, während ich irgendwas brummte, das klingen sollte wie »Na, zum Glück ist gerade nicht besetzt, haha«. Aber der kurze Blick in die Sitzreihe hatte gereicht: Mir zog sich der Magen zusammen. Der Mann im Hemd trug Quarzhandschuhe; schwarz, mit Verstärkungen an den Knöcheln. Mit solchen Dingern kann man Unterkiefer brechen, ohne sich weh zu tun. Noch mehr erschreckt hatte mich aber der Blick auf den Platz daneben. Der schwarzhaarige Mann, der dort saß, weinte, während er stumm aus dem Fenster sah. Seine Arme waren mit Handschellen an die Lehnen gefesselt.

Ich saß in einem Abschiebeflug. Von diesen Flügen hört man sehr wenig, oft gibt es Protest. Aber die Flüge finden trotzdem statt. Auf wenig gebuchten, oft nächtlichen Verbindungen nach Lagos oder Tirana werden täglich Migranten »rückgeführt«, wie es offiziell so zivilisiert heißt, wenn Bundespolizisten mit Kampfhandschuhen Leute gegen deren Willen in ein Land bringen, mit dem Deutschland ein Abkommen hat.

2020 waren es insgesamt zehntausendachthundert Menschen; Albaner, Georgier, Serben, aber auch Afghanen, Syrer und Nigerianer. Hundertneununddreißig Menschen schob man nach Marokko ab. Was noch nicht heißen musste, dass die fünf gefesselten Männer in meinem Flieger auch von dort kamen. Marokko gilt als Transitland, das sich für viel Geld dazu verpflichtet hat, Flüchtlinge aus anderen afrikanischen Staaten von Deutschland zurückzunehmen. Was genau mit den Menschen geschieht, nachdem deutsche Polizisten sie dort ausgesetzt haben, weiß niemand genau. Und es interessiert auch niemanden so richtig.

»Wirtschaftsflüchtlinge«, wie man oft die Menschen nennt, die nicht vor Krieg, sondern vor Armut geflohen sind, haben keinen

Anspruch auf Asyl. Damit gelten sie als Flüchtlinge mit Luxus-problem. Die Migrationspolitik blendet gerne aus, dass Millionen Menschen in weiten Teilen Afrikas auch ohne akuten Bürgerkrieg oder politische Verfolgung kaum in der Lage sind, die eigene Familie zu ernähren; dass längst auch Klima- und Umweltprobleme Menschen aus ihrer Heimat vertreiben; dass diese Probleme mitunter durch die globale, von Europa entscheidend mitbestimmte Wirtschaft verursacht und verstärkt werden. Es wird so getan, als hätten wir im Norden nichts damit zu tun.

> **TRADITIONELLE FISCHERBOOTE AUS BUNT BEMALTEM HOLZ LAGEN SCHIEF AUF HANDBALLGROSSEN VULKANSTEINEN, SCHWARZ UND HEISS WIE HERDPLATTEN. DIESE STRÄNDE WAREN TOT, ABGENAGT BIS AUF IHR SCHWARZES GERIPPE.**

Auf dem Klo spritzte ich mir lauwarmes, nach Eisen riechendes Flugzeugwasser ins Gesicht. Was für ein zynischer Zufall: Fünf Menschen wurden ausgerechnet in dem Flugzeug gefesselt nach Afrika deportiert, in dem ich unterwegs war, um über eines der vielen Probleme zu berichten, wegen der Menschen Afrika verlassen. Ich schlief während des Fluges keine Sekunde. Ich war aufgewühlt.

Aber auch mein eigenes Thema beschäftigte mich. Das Ganze klang für mich immer noch unglaublich. Auf den Kapverden, einem der beliebtesten Strandparadiese der Welt, verschwanden die Strände. Weil sogenannte *ladrões de areia*, Sandräuber, sie illegal wegschaufelten. Warum um Himmels willen taten sie das? Und was passierte mit dem Sand?

Mit diesen Fragen im Kopf landete ich weit nach Mitternacht auf dem Aeroporto Internacional Nelson Mandela. Meine Kollegen Vanessa und Andi, mit denen ich eine Reportage über den Sandraub drehen würde, waren schon früher geflogen, mit der TAP-Verbindung über Lissabon, die bei Touristen beliebt ist und den Fluggästen den Anblick von Afrikanern in Handschellen erspart.

Als ich in den heißen Ostwind hinaustrat, der auch nachts noch von Afrika her in die Palmen blies wie ein Föhn, war mein Mund trocken und die Beine juckten vom langen Sitzen. Die Außenwände des Flughafens waren bemalt mit Fischern, die ihre Netze vom Land aus in tiefblaues Wasser warfen. Es war eine Vorschau auf das, was die meisten Gäste erwarteten, wenn sie hier ankamen: Berge, frischen Fisch, herrliche Strände.

Neben einem schwarzen Kleinwagen wartete Celestino, unser Mann vor Ort. Trotz der immer noch sechsundzwanzig Grad steckte sein frisch gebügeltes Hemd perfekt in der frisch gebügelten Hose. In der Hand hielt er eine Flasche Wasser für mich. Ich mochte ihn sofort. Celestino hatte sein ganzes Leben hier auf Santiago verbracht, der größten Insel der Kapverden. Er arbeitete als Englischlehrer in Praia, der Hauptstadt, und wenn er Urlaub hatte, half er ausländischen Reportern bei der Arbeit. Solche einheimischen Helfer nennt man Fixer, und oft liegt es an ihnen, ob eine Recherche ein Erfolg wird oder eine Katastrophe. Celestino hatte den Kontakt zu Sandräubern hergestellt und sie überredet, sich bei ihrer illegalen Tätigkeit begleiten zu lassen.

Hinter mir ratterten die Plastikkoffer der erschöpften Urlauber in Richtung der Hotelbusse, die schon mit laufendem Motor auf sie warteten. Die meisten würden morgen oder übermorgen, nach einem kurzen Rundgang durch die Hauptstadt, weiterfahren, per Fähre auf die nördlich gelegenen Inseln Boa Vista oder Sal, mit ihren All-inclusive-Resorts und paradiesisch weißen Surf-Stränden. Celestino und ich schlugen die Gegenrichtung ein: westwärts; in die Gegend, die die meisten Gäste auch bei Tag nie sehen würden – vermutlich auch nicht sehen *wollten*, wenn sie wüssten, wie es dort aussieht. Celestino schaltete das Radio an und kurbelte das Fenster hoch. Das Zischen der Klimaanlage vermischte sich mit Afropop. Bald ließen wir die beleuchteten Straßen hinter uns.

Die neun kapverdischen Inseln trotzen sechshundert Kilometer westlich des Senegal dem Atlantik. Ursprünglich waren sie unbewohnt; bis Portugal sie besetzte und jahrhundertelang als Verlade-

hafen nutzte, für das seinerzeit wertvollste Exportgut, das der europäische Kolonialismus aus Afrika zog: Sklaven. Heute sind die Kapverden eines der beliebtesten Urlaubsziele des Kontinents. Das Klima ist angenehm, das Essen nicht zu ungewohnt, das Land sicher. Cabo Verde ist eine der wenigen Demokratien Afrikas; die Menschen sind für afrikanische Verhältnisse wohlhabend. Sein Markenzeichen trägt das Land schon im Namen der Hauptstadt: Praia bedeutet nichts anderes als Strand. Bald, dachte ich, könnte der Name ein leeres Versprechen sein; genau wie die »gute Luft« von Buenos Aires. Eine Erinnerung an bessere, lang vergangene Zeiten.

Für eine Diebin fing Dita ziemlich spät mit der Arbeit an. Sie stahl ihre Beute nicht im Schutz der Dunkelheit, wie ich erwartet hatte. Sondern tagsüber, von acht bis vier. Es war schon hell und backofenheiß, als sie hinter der verabredeten Linkskurve irgendwo in den ausgedörrten Hügeln über Porto Gouveia unter einem Ölbaum hervortrat. Sie blickte sich um; dann hob sie zögernd die Hand. Eine Frau mit den kräftigen Schultern einer Arbeiterin und dem sanften Gesichtsausdruck einer vierfachen Mutter. »Bom dia«, murmelte sie, während sie die Gruppe musterte, die ihr da aus dem Auto entgegenstieg: Zwei blonde Männer, einer davon mit Kamera, das war Andi; eine Frau mit Klemmbrett, Vanessa, die Redakteurin; und schließlich Celestino, unser Fahrer und Übersetzer.

Dita trug Flip-Flops und die übliche Kleidung ihres Berufsstands: Ein sonnengebleichtes Top und zwei luftige Baumwolltücher. Das eine um die Hüfte geschlungen, das andere um den Kopf, als kleine, aber wirkungsvolle Maßnahme gegen den Staub und die Sonne, ihre größten Gegner, noch vor der Polizei. Die kam auch immer wieder vorbei, aber tat inzwischen nur noch wenig, wie ich später erfuhr. Man nahm Dita das Werkzeug weg, ein paar Eimer und Schaufeln, oder verlangte ein kleines Schmiergeld.

Ditas Arbeit bestand darin, Sand zu stehlen und zu verkaufen. Ich kannte sie noch keine zehn Minuten, aber konnte mir nicht vorstellen, dass sie sich den Job wegen der spannenden Arbeit an der frischen Luft ausgesucht hatte. Sandräuber wurde man, weil die Kinder Hunger hatten – und weil man keine andere Möglichkeit sah, das zu ändern. Dita war eine von geschätzt Hunderttausenden in diesem Geschäftszweig, allein an der afrikanischen Westküste.

Wir stolperten und rutschten Dita hinterher, eine Böschung hinab durch dornige Sträucher. Ringsum erhoben sich staubfarbene Hügel. Das Meer musste noch kilometerweit entfernt sein. »Laufen wir bis zum Strand?«, fragte ich Dita, die unten stehen geblieben war und mit geübter Handbewegung eine Fliege von ihrem Gesicht verscheuchte. »*Não*, wir bleiben hier.« Ich blickte mich um, wir standen in einem Flussbett. Es sah aus, als wäre der letzte Tropfen Wasser hier vor hundert Jahren geflossen. »Am Strand«, sagte sie und lächelte, »gibt es schon lang keine Arbeit mehr.«

Was sie damit meinte, sah ich in den Tagen danach. Wir besuchten mit Celestino fünf verschiedene Strände entlang der Küste. Nirgendwo lag Sand. Traditionelle Fischerboote aus bunt bemaltem Holz lagen schief auf handballgroßen Vulkansteinen, schwarz und heiß wie Herdplatten. Strandgäste sahen wir nirgends. Baden wäre auch riskant für die Fußknöchel gewesen; die Brandung rollte die Steinblöcke mit einem malmenden Grollen das Ufer rauf und runter, als wolle sie die Brocken so schnell wie möglich wieder zu Sand verarbeiten. Bis vor kurzem hatte der hier noch überall gelegen, als schützende Decke vor dem steigenden Meeresspiegel, als Zuhause für Pflanzen und Fische, als Nistplatz für Schildkröten. Damit war es vorbei. Auch wenn das Meer und die schönen alten Boote für ahnungslose Besucher durchaus als Idyll durchgehen konnten: Diese Strände waren tot, abgenagt bis auf ihr schwarzes Gerippe.

# UNTER SANDRÄUBERN

Und so gruben sich Dita und die anderen Räuber jetzt die Flüsse hinauf, dem Weg in umgekehrter Richtung folgend, den der Sand eigentlich über Jahrhunderte aus dem Inland nahm. Im Flussbett warteten eine Freundin und zwei von Ditas Kindern. Sie hielten rostige Spitzhacken und Schaufeln mit zersplitterten Holzgriffen. Außerdem lag da eine zerdengelte Blechschublade, in die man offenbar vor vielen Jahren mit einem Nagel kleine Löcher gehauen hatte: ein selbst gebautes Sieb.

> **WÄHREND DIE GÄSTE AUS EUROPA AUF DER EINEN INSEL IN BEQUEMEN NEUBAUTEN IHREN STRANDURLAUB GENOSSEN, SCHAUFELTEN DIE LADRÕES DE AREIA AUF DER NACHBARINSEL DIE STRÄNDE WEG, UM NACHSCHUB FÜR DIE BAUSTELLEN ZU LIEFERN.**

Der Arbeitsablauf, an dem ich heute für einen Tag teilnehmen würde, war eine etwas rabiatere Variante dessen, was ich zuletzt als Fünfjähriger im Sandkasten gespielt hatte: Hacken, graben, sieben. Dita erklärte mir, woher wir die meiste Beute bekämen. Von der Uferböschung. Das Wasser hatte die Sedimente über Jahrzehnte an den Rand gedrückt. Mit der Spitzhacke hebelte sie einen Steinbrocken aus der festgebackenen Böschung und lockerte ein paar Quadratmeter Boden. Nach acht, neun Hieben wechselte sie das Werkzeug. Nun schaufelte sie die Stein-Sand-Mischung in das Schubladensieb, das auf dem Boden lag. Als sich darin ein kniehoher Haufen gebildet hatte, den sie gerade noch hochstemmen konnte, hob sie die Lade auf Brusthöhe und rüttelte sie von links nach rechts. Es rasselte, es staubte, Dita kniff die Augen zu. Als der Schleier aus Dreck verweht war, hatte sich zu ihren Füßen ein kleiner Kegel aus dunklem Sand gebildet. »Da hast du es«, sagte sie. »Das ist das, was wir verkaufen.«

Bis Anfang der achtziger Jahre waren die Kapverden touristisch weitgehend unerschlossen. Man lebte ärmlich in Hütten aus Lavastein, der Sand am Meer interessierte niemanden. Dann begann der Massentourismus. Und mit ihm nicht nur der Aufschwung, sondern auch der Ausbau der Inseln: Straßen und Hotels entstanden, ganze Städte wurden aus dem Vulkanboden gestampft. Der Lebensstandard stieg, den meisten Menschen ging es wirtschaftlich immer besser.

Doch der Boom forderte ein unerwartetes Opfer. Ich konnte es sehen, als wir uns später eine kurze Pause gönnten. Wir setzten uns oben am Hang auf ein paar Autoreifen im Schatten eines Baums und spülten uns mit Wasser den Staub aus der Kehle. Hinter uns stand Ditas Haus. Es war aus rohen Ziegeln gebaut, darüber ein Dach aus Wellblech, davor ein windschiefer Verschlag aus Treibholz, in dem ein paar Hühner im Staub scharrten. Ein kleiner Junge in Unterhose duschte unter einem Metallrohr, das außen aus der Wand ragte.

Das Haus sah nicht besonders aus. Es *war* aber besonders; weil es nicht aus Stein gebaut war, wie die traditionellen kapverdischen Häuser, sondern aus Betonziegeln. Die Europäer kamen nicht nur als Touristen, sondern brachten den Kapverdern auch eine Art zu bauen, die es vorher nicht gab. Beton ersetzte Stein. Und weil Beton zu drei Vierteln aus Sand und Kies besteht, wurde aus den Stränden über Nacht ein Rohstoff.

Für Arnaud Vander Velpen, einen jungen belgischen Geologen, ist genau das eine der »größten Herausforderungen des Jahrhunderts«. Weniger diplomatisch ausgedrückt: ein verdammtes Riesenproblem. Vander Velpen ist Experte für Sand beim Umweltprogramm der Vereinten Nationen, kurz UNEP. »Was passiert, wenn etwas wertvoll wird, das niemandem gehört, aber überall rumliegt?«, fragte er mich, als ich ihn anrief. »Jemand sammelt es auf und verkauft es.« So war der Beruf der Sandräuber entstanden. Während die Gäste aus Europa auf der einen Insel in bequemen Neubauten ihren Strandurlaub genossen, schaufelten die *ladrões de areia* auf der Nachbarinsel die Strände weg, um Nachschub für die Baustellen zu liefern.

> **ALLEIN CHINA HATTE IN DEN VERGANGENEN DREI JAHREN MEHR SAND UND KIES FÜR DIE BETON-PRODUKTION VERBRAUCHT, ALS DIE USA IM GESAMTEN ZWANZIGSTEN JAHRHUNDERT, SO SCHÄTZTE MAN BEI DER UNEP.**

Diese Lieferkette ist überall auf der Welt zu beobachten, vom Mekongdelta bis zur arabischen Halbinsel. Sie funktioniert ungefähr wie ein Jenga-Turm: Um oben einen Stein draufzusetzen, muss man unten einen rausziehen. Das geht überraschend lange gut. Ein Jenga-Turm kann mehr als seine doppelte Ursprungshöhe erreichen – bis jemand einen Stein zu viel aus dem Fundament zieht und alles ins Kippen gerät.

Sand wird fast überall auf der Welt knapp. Nach dem Wasser ist er die zweitmeist verbrauchte Ressource. Und wie Öl oder Kohle ist er nicht erneuerbar. Jedenfalls nicht auf absehbare Zeit. Die Natur braucht zig Jahrtausende, um ihn mit Hilfe von Wind oder Wasser aus Felsen zu mahlen.

Den Gedanken, dass Sand knapp werden könnte, musste ich mir während der Reise erst mühsam bewusst machen. Wenn es eine Ressource auf der Erde gab, von der ich dachte, es gäbe wirklich mehr als genug von ihr, dann das knirschende weiße oder schwarze oder braune Pulver. »Wie Sand am Meer«; dieses Sprichwort war auf den Kapverden offenbar schon etwas älter.

Arnaud Vander Velpen erklärte mir, dass der globale Sandverbrauch sich in den letzten zwanzig Jahren verdreifacht hatte. Die weltweite Bauindustrie war exponentiell hungriger geworden. Vor allem die asiatischen Volkswirtschaften wuchsen schneller als je zuvor eine Region auf der Erde. Bei der UNEP schätzte man, dass allein China in den vergangenen drei Jahren mehr Sand und Kies für die Betonproduktion verbraucht hatte, als die USA im gesamten zwanzigsten Jahrhundert.

Sand wird aber nicht nur für Beton verwendet, sondern auch in der Elektro- und Kosmetikindustrie, um Straßenfundamente zu befestigen und sogar um Land aufzuschütten. Etwa in Singapur, dem größten Pro-Kopf-Verbraucher des Sediments. Der Stadtstaat vergrößert sein Territorium, indem er Millionen Tonnen von importiertem Sand in die Meerenge zwischen indischem Ozean und südchinesischem Meer kippt. So hat er seine Fläche inzwischen um ein Viertel vergrößert. In Dubai hat man in den vergangenen Jahren auch noch künstliche Inselgruppen in der Form von Palmen ins Meer gesetzt. Wenigstens gab es in den Emiraten genügend Sand, dachte ich. Bis mir Arnaud erklärte, dass Wüstensand sich nicht zum Bauen eignet: Die Körner sind zu rund. »Der Sand für die künstlichen Inseln stammt teilweise von den Stränden Afrikas«, sagte er, »aber größtenteils aus Australien.« Er wird also auch noch mit Schiffsdiesel um die halbe Welt geschippert.

Die Menschheit spielt längst überall Jenga. Beim Umweltprogramm der Vereinten Nationen verortet man die Summe allen verbrauchten Sandes pro Jahr bei etwa fünfzig Milliarden Tonnen. »Angenommen, man würde allen Sand, der in einem Jahr verbraucht wird, in einer Linie um den Äquator aufschütten«, sagte Arnaud, »einmal um die Erde herum« – er machte eine bedeutungsvolle Pause –, »man hätte eine durchgehende Mauer, die siebenundzwanzig Meter hoch und siebenundzwanzig Meter breit wäre. Jahr für Jahr.« Das war deutlich mehr, als alle Flüsse der Welt in einem Jahr produzierten. In Belgien, sagte Arnaud, grabe man den benötigten Sand vor allem aus der Nordsee, weil man – genau wie in Deutschland – über die meisten Sandvorkommen an Land Städte gebaut hatte. Nur habe kürzlich eine Schätzung ergeben, wie viel Sand vor der belgischen Küste eigentlich noch übrig war: »In spätestens achtzig Jahren ist alles weg.« Die zuständigen Behörden seien erschüttert gewesen.

Der Sandpreis ist entsprechend gestiegen. Er hat sich seit Ende der neunziger Jahre versechsfacht. Wenn die wachsenden Schwellenländer die eigenen Sandreserven erschöpft hatten, kauften sie überall dort nach, wo Regierungen zu korrupt oder Menschen zu arm waren, um sich Gedanken über die Folgen zu machen. Zum Beispiel in Afrika.

> **IN INDONESIEN, EINEM DER WICHTIGS-TEN SANDLIEFERANTEN FÜR DEN ASIATISCHEN RAUM, SCHAUFELT MAN DEN ROHSTOFF MIT BAGGERSCHIFFEN AUS DEM MEER. ZWISCHEN 2005 UND 2010 SIND LAUT ZEITUNGSBERICHTEN MINDESTENS VIERUNDZWANZIG UNBE-WOHNTE INDONESISCHE INSELN IM MEER VERSUNKEN.**

Wusste Dita, was sie da anrichtete? Es war mir unangenehm, sie zu fragen. Sie war alleinerziehend, hatte sie mir beim Graben erzählt, während Celestino im mittlerweile durchgeschwitzten Hemd übersetzte. Sie war zweiundvierzig. Seit ihrem vierzehnten Lebensjahr hatte sie nie etwas anderes gemacht. Wir hatten inzwischen das Ufer auf einer Länge von zwanzig Metern aufgehackt und gesiebt. Etwas abseits wuchs quälend langsam unser Sandhügel. Ich wischte mir den dreckigen Schweiß aus der Stirn und machte einen Versuch: »Warum, glaubst du, ist der Sandabbau verboten?« Schweigen. Dita stützte sich auf ihre Hacke und kniff die Augen zusammen. Dann erzählte sie von den Männern.

Der Sandraub war auf den Kapverden Frauensache. Die Männer gingen fischen, erklärte Dita, frühmorgens; wobei diese Tätigkeit zuletzt kaum noch Erträge brachte. Alles hängt mit allem zusammen, und Fische finden auf dem blanken Steinboden in den

Buchten kaum noch Nahrung. Ihr Vater und dessen Vater seien noch täglich mit vollen Netzen zurückgekommen. Jetzt aber müssten die Fischer Jahr für Jahr weiter raus aufs Meer, wo wiederum ausländische Trawler alles leer gefischt hätten. So hatten viele Männer aufgegeben und als Tagelöhner auf dem Bau angeheuert. Sie mischten jetzt den Sand, den ihre Frauen und Mütter abbauten, zu Beton und gossen daraus Ziegel.

Die Entwicklung war typisch. In Indonesien, einem der wichtigsten Sandlieferanten für den asiatischen Raum, schaufelt man den Rohstoff mit Baggerschiffen aus dem Meer. Das zerstört nicht nur Ökosysteme unter Wasser, es lässt auch ganze Inseln verschwinden. Zwischen 2005 und 2010 sind laut Zeitungsberichten mindestens vierundzwanzig unbewohnte indonesische Inseln im Meer versunken. Das Fundament hatte irgendwann nachgegeben. Indonesien verbietet zwar inzwischen den Export von Sand; aber das rief wiederum eine Sand-Mafia auf den Plan, die den Rohstoff nun irgendwo zwischen den siebzehntausend Inseln illegal abbaut.

Dita war also das kleinste Glied einer langen Kette von Entscheidungen, die irgendwo auf der Welt irgendwann getroffen worden waren. Gibt es einen nachvollziehbareren Grund, etwas Illegales zu tun, als vier Kindern Essen hinstellen zu können? Der Zwischenhändler, erzählte sie mir, komme ein-, zweimal die Woche. Mal nehme er eine Tonne mit, mal zwei. Sie komme so auf rund zweihundert Euro im Monat. Aber vor allem im Winter, wenn auf den Inseln weniger gebaut wird, komme er manchmal ein paar Wochen gar nicht. Dann müsse sie sich Geld von Nachbarn leihen.

Flusssand ist wertvoller als Meeressand. Er enthält weniger Salz, das den Stahl in Betonkonstruktionen angreift. Das ist ein Grund dafür, dass es im Ganges- und im Mekongdelta heute viel mehr Überschwemmungen gibt als früher. Der Sand kann keine Dämme mehr bilden. Und weil gleichzeitig wegen des weggegrabenen

Flussbetts der Wasserspiegel absinkt, kommt es häufiger zu Dürren. Das Salzwasser, vor dem man den Stahlbeton schützen will, dringt dafür jetzt in die Felder ein.

Einmal brachte Celestino uns in ein Dorf, dessen bunt bemalte Häuserfronten von der Hauptstraße aus postkartenschön aussahen. Ein paar schwarz gefleckte Schweine lagen am Straßenrand in der Sonne und ließen sich von mir streicheln. Aber als wir durch eine Gasse in Richtung Wasser gingen, sahen wir, dass viele der Häuser keine Rückseiten hatten. Die Fassaden waren samt halber Wohnzimmer und Küchen abgebrochen und ins Meer gerutscht, als seien sie aus Marmorkuchen. Ein Potemkinsches Dorf am Strand. »Das passiert, wenn man den Boden weggräbt«, erklärte Celestino. Jedes Jahr frisst sich das Wasser weiter landeinwärts.

Ich erinnerte mich an die Malediven, wo ich ein paar Monate vorher gesehen hatte, wie sich die Hauptstadt Male verzweifelt gegen den steigenden Wasserspiegel und die Erosion wehrte – mit gigantischen Tetrapoden aus Stahlbeton, die als künstliches Ufer vor der Hafenmauer gestapelt sind. Das ist ein Problem überall, wo man direkt am Wasser baut: Man nimmt dem Strand seine Rückzugsmöglichkeit. Das Ufer kann nicht mehr wandern, um sich auf den steigenden Pegel einzustellen. Stattdessen erodiert es. Die Unmengen Sand, die für die riesigen Betonanlagen auf den Malediven nötig waren, schaufelten Bagger übrigens ein paar Inseln weiter vom Meeresboden auf ein Lastschiff.

Wie könnte man diesen Teufelskreis durchbrechen? Arnaud Vander Velpen und viele andere Experten empfehlen seit Jahren, effizienter zu bauen. Nämlich, indem möglichst wenig neu gebaut wird. Und möglichst viel mit gebrauchten Materialien. Werden Häuser abgerissen, wird der Schutt normalerweise im Fundament von Straßen entsorgt. Dabei könnte man Teile des Materials problemlos klein hacken und wieder zu neuem Beton vermischen. In der Schweiz machen Baufirmen das häufig, weil die teure Lkw-

Maut den Transport von Schutt über weite Strecken unrentabel macht. In den Niederlanden ist dessen Entsorgung mit Hilfe des Straßenbaus sogar schon verboten. Außerdem kann man den Sand durch andere gebrauchte Stoffe ersetzen, etwa zermahlene Glasflaschen, die ebenfalls aus Sand bestehen. Würde man das steuerlich begünstigen, lohnte es sich für jeden Bauherrn. »Man kann diesen Stoff praktisch grenzenlos wiederverwerten«, sagte mir Arnaud. Das sei eines der Dinge, die ihm Hoffnung machten.

Das Recycling ist aber nur für Industrieländer realistisch. In Regionen, die noch stark wachsen, gibt es nicht genug alte Gebäude, die man wiederverwerten kann. Dort lautet die Forderung der UNEP, den Sandabbau zu regulieren. Dann könne man Mengen festlegen, die man aus einzelnen Gewässern entnehmen kann, ohne dass das Ökosystem dauerhaft kaputt geht. Dirk Hebel, Professor für nachhaltiges Bauen in Karlsruhe, sagte mir, er plädiere außerdem für eine »Renaissance der lokalen, traditionellen Bauweisen«, die zwar oft als rückständig gälten, aber nachhaltig seien und das lokale Handwerk stärkten. In Europa sei zum Beispiel Holz zumeist ein nachhaltiger Baustoff. In anderen Regionen der Welt vielleicht Bambus oder Lehm. »Globale Rezepte helfen hier nicht.«

Die kapverdische Regierung hatte angesichts wegbröselnder Küstendörfer lange Zeit immer strengere Gesetze gegen den Raubbau erlassen. Wer heute auf São Vicente oder Sal am weißen Strand liegt und sich wundert, warum gelegentlich bewaffnete Soldaten vorbeilaufen: Sie beschützen nicht die Badegäste, sondern den Sand. Die Maßnahmen haben dazu geführt, dass die Sanddiebe zumindest nicht mehr mit Baggern und Kipplastern kommen, wie in den ersten Jahren. Dafür klettern die Frauen jetzt manchmal nachts mit leeren Eimern ins Wasser.

Mittlerweile war es Mittag, die Hitze brachte das Flussbett zum Flimmern. In der Windstille standen die Staubwolken minutenlang in der Luft. Während sich Celestino ins Auto zurückzog, hatten meine Kollegen und ich uns aus T-Shirts Turbane gewickelt. Dita und ich hackten und siebten inzwischen zu lauter Musik. Oben an der Straße parkte ein alter schwarzer Pick-up, der mit Spanngurten mannshohe Lautsprecher auf die Ladefläche gezurrt hatte. Reggaeton – eine hauptsächlich aus Hip-Hop- und Reggae-Einflüssen entstandene Musikrichtung – schallte quer durch den Canyon. Vier junge Männer hockten daneben im Schatten, rauchten und schienen zufrieden mit dem Soundcheck. »Heute Abend ist Party«, sagte Dita. Einer der Männer winkte – ihr ältester Sohn. Zum Helfen kam niemand.

Dafür kam um kurz nach vier der Käufer. Wir hatten inzwischen drei hüfthohe Haufen aufgeschüttet. Ein kleiner Kipplaster rumpelte langsam das Flussbett hinauf, ein Toyota Dyna 280. Das

Modell, hatte ich gelesen, ist beliebt bei Sandhehlern: wendig, geländegängig und für den Notfall gut motorisiert. Ein Mann Anfang zwanzig mit goldenen Ohrsteckern und Basecap stieg grußlos aus. Celestino erklärte ihm, was die drei Ausländer hier wollten, womit der Hehler kein Problem zu haben schien. Er hatte eine Zugwaage dabei, mit der man sonst Koffer wiegt, und hängte einen vollen Eimer Sand daran: fünfundzwanzig Kilo. Er nickte. Eimer für Eimer hievten Dita und ich jetzt den Sand auf die Ladefläche.

Für eine volle Ladung zahlte der Hehler den Dieben etwa siebzig Euro. Der Ertrag unseres Arbeitstags zu dritt füllte die halbe Ladefläche. Fünfunddreißig Euro für acht Stunden Plackerei. Dita nahm die Scheine entgegen, dann rumpelte der Kipplaster im Rückwärtsgang in Richtung Straße davon. Feierabend. Dita verabschiedete sich mit einem stummen Händedruck von uns und ging in Richtung Dorf. Sie wolle einkaufen für die Familie. Heute Abend gebe es Reis mit Fisch.

Am Nachmittag unserer Abreise hatten wir zum ersten Mal etwas Freizeit. Also beschlossen Kameramann Andi und ich, wenigstens einmal kurz Baden zu gehen. Wir wohnten ungewohnt luxuriös, in einer kleinen Villa über dem Meer, mit spektakulärem Blick über den Atlantik. Unterhalb lag eine kleine Bucht. Natürlich war auch hier längst jeder Sand verschwunden; die Brandung rollte Tag und Nacht schwarze glitschige Felsen hin und her. Wir liefen in Badehosen eine Treppe runter zum Wasser. Und so kam es, dass ich den Rückflug mit einem auf original kapverdischem Vulkanstein verknacksten Knöchel antrat.

# WÜRSTCHEN GRILLEN AUF TROPENHOLZ

Als wir das Auto sahen, war es schon zu spät. Unser Fahrer hatte den Geländewagen gerade auf die linke Spur gezogen. Jetzt gab er Vollgas. Mit jaulendem Motor überholten wir den Truck, einen der alten amerikanischen Holztransporter, die man in den ländlichen Gegenden Südamerikas oft sieht. Aber nun war wie aus dem Nichts dieser silberne Kleinbus hinter einer Kurve aufgetaucht: der erste Gegenverkehr seit einer halben Stunde. Rüberziehen konnten wir nicht mehr. Neben den Seitenfenstern rotierten die Räder des Trucks, darüber lagen tonnenschwer gestapelte Baumstämme. Links ging es am Straßenrand steil hinab in die paraguayische Savanne: hohes Gras, Dornenbüsche, dahinter ein paar Bäume. Es blieben noch ein paar ewige Sekunden bis zum Aufprall.

Man hört oft, dass in solchen Momenten Bilder aus dem Leben an einem vorbeiziehen. Dass sich Ruhe einstellt. Aber wir saßen nur stocksteif auf der Rückbank und starrten mit blöde verkrampften Gesichtern dem Kleinbus entgegen. Ich saß hinter unserem Fahrer und blickte dem Schicksal damit quasi direkt ins Auge, stemmte mich mit den Armen gegen den Sitz vor mir – als könnte ich den Frontalcrash abfedern.

Vorne saßen der Fahrer, ein schweigsamer Kerl mit rundem Bauch, und ein junger Mitarbeiter der Kohlefirma, der uns vom Flughafen abgeholt hatte. Neben mir Larissa und Gabriel, Redakteurin und Kameramann aus München. Die beiden waren seit kurzem verlobt.

Wir hätten gar nicht in diesem Geländewagen sitzen sollen. Stattdessen hätten wir in den Norden des Landes fliegen sollen, zu den Männern, die dort den Urwald zu Holzkohle verarbeiteten. Mit einer Propellermaschine wären die Köhler in zwei Stunden zu erreichen gewesen. Aber das Wetter war uns dazwischengekommen. Die stärksten Gewitter seit Jahren hatten den inländischen Flugverkehr lahmgelegt.

Asunción, die paraguayische Hauptstadt, hat eine halbe Million Einwohner und trägt in voller Länge den Namen *La Muy Noble y Leal Ciudad de Nuestra Señora Santa Maria de la Asunción*. Es ist eine der ältesten spanischsprachigen Städte Lateinamerikas, benannt nach Mariä Himmelfahrt, gegründet von sehr katholischen Konquistadoren kurz nach der sogenannten Entdeckung des Kontinents. Von hier aus waren die Spanier mit brutalem Ehrgeiz tiefer ins Landesinnere vorgedrungen, gierig nach Gold und Silber.

Aber jetzt war halb Paraguay im Chaos versunken. Der größte Fluss des Landes, der Río Paraguay, war weit über die Ufer getreten. Auf den Fernsehern am Flughafen sah man in den Nachrichten Polizeiautos die Straßen hinabtreiben wie Quietscheentchen einen Bach. Hunderttausende hatten ihr Zuhause verloren. Für Kleinflugzeuge herrschte Flugverbot. Also hatten wir spontan den Wagen mit Fahrer gebucht.

Larissa, Gabriel und ich waren schon oft zusammen unterwegs gewesen. Wir hatten viel Übung im Zeittotschlagen und Gute-Laune-Vorspielen. Pläne wurden immer wieder geändert. Aber nach dem fünfzehnstündigen Flug aus München direkt noch mal zehn Stunden im Auto zu sitzen, zu dritt auf der Rückbank, eingezwängt zwischen Kamerataschen, Drohnenkoffern und Rucksäcken – das war selbst für uns schwer wegzulächeln.

Die Ironie der Geschichte wurde mir erst später bewusst. Wir wollten über Männer berichten, die in Handarbeit Holzkohle herstellten. Umweltschützer warnen seit Jahren, dass hier in Paraguay eine Katastrophe passiert, von der kaum jemand weiß. Das arme Land etwa in der Mitte des Kontinents besteht zum Großteil aus dem Gran Chaco, einer Region aus Trockenwäldern und Dornbuschsavannen. Ich hatte noch nie von diesem Chaco gehört. Dabei handelt es sich um den zweitgrößten Urwald Südamerikas nach dem Amazonasgebiet; er bedeckt eine Fläche doppelt so groß wie Deutschland, ist die Heimat von Jaguaren, Ameisenbären und seltenen Vögeln. Außerdem leben dort Dutzende indigene Stämme, teilweise noch ohne Kontakt zur Außenwelt.

Und natürlich ist der Chaco, wie alle Primärwälder, eine grüne Lunge, ein unersetzbarer $CO_2$-Speicher. Ein Drittel des Waldes ist bereits abgeholzt, für Viehhaltung und Landwirtschaft. Und ein guter Teil davon wird Jahr für Jahr in Form von Holzkohle in europäischen Kugelgrills verfeuert.

**KEIN LAND LATEINAMERIKAS HOLZT SEINEN WALD SO SCHNELL AB WIE DER KLEINE NACHBAR VON ARGENTINIEN, BRASILIEN UND BOLIVIEN. UND DAS TEMPO STEIGT.**

Auf dem Weg ins Zentrum dieser Katastrophe gab uns die Natur also schon mal eine beeindruckende Kostprobe dessen, was in Zukunft so alles passieren würde, wenn weiter in dem Tempo Wälder gerodet würden wie bisher: Extreme Regenfälle, Überschwemmungen, Erosion. Eine Vorschau auf die Folgen des Klimawandels.

Das Auto quietschte, kreischte, die Vollbremsung ließ es vom linken Seitenstreifen bis nach rechts an den Holztransporter schlittern, der ebenfalls bremste, um uns vorbeizulassen. Die Knöchel unseres Fahrers traten weiß hervor, während er versuchte, das Lenkrad unter Kontrolle zu halten. Ich wurde hin und her geworfen, das Gewicht der Koffer und Taschen presste von hinten auf meinen Sitz, von der Bremsung vervielfacht. Auf einmal war es still. Wir standen schräg auf der Überholspur. Fünf Meter vor uns war der Kleinbus zum Stehen gekommen. Er hing mit den rechten Rädern in der Böschung. Für zwei Atemzüge sagte niemand etwas. Dann presste der Fahrer ein Stoßgebet auf Spanisch hervor und ließ seinen Kopf aufs Lenkrad sinken. Der Gestank von verbranntem Gummi lag in der Luft. Wir lebten noch.

Paraguay mag ein armes Land sein; aber mit einem großen Ziel. Es will unter die größten fünf Rindfleischexporteure der Welt kommen. Vor ein paar Jahren sagte der damalige Staatspräsident in einem holzgetäfelten Saal voller internationaler Investoren einen Satz, der seither oft im Land zitiert wird, wenn es um die rücksichtslose Wirtschaftspolitik geht, die die reiche Elite begünstigt, ohne sich um die sozialen und ökologischen Folgen zu scheren: »Usen y abusen de Paraguay« – benutzen und missbrauchen Sie Paraguay.

Das ließen sich die Rinderbarone aus Argentinien und Brasilien nicht zweimal sagen. Der Boden ist so günstig wie sonst fast nirgendwo: Ein Hektar Land im Chaco kostet um die dreihundert Dollar – ein Bruchteil des Preises in den Nachbarländern.

Eine Art Goldrausch ist ausgebrochen – nicht erst seit der Ansprache des Präsidenten. Allein in den vergangenen zwanzig Jahren hat das Land etwa ein Viertel seiner Waldflächen zerstört, schätzt Global Forest Watch, ein internationales gemeinnütziges Projekt, das anhand von Satellitenaufnahmen den Baumbestand weltweit überwacht. Sein Fazit: Kein Land Lateinamerikas holzt seinen Wald so schnell ab wie der kleine Nachbar von Argentinien, Brasilien und Bolivien. Und das Tempo steigt.

Wir sahen während der Fahrt überall, wozu das führte. Alle paar Kilometer verschwand der Wald zugunsten von perfekt geometrisch angelegten Feldern. Soweit das Auge reichte: Weideflächen für Rinder, Sojaplantagen …

Um den Trockenwald zu roden, spannen Arbeiter lange Eisenketten zwischen zwei Bulldozer. Die Maschinen walzen dann im Abstand von zwanzig Metern parallel durch den Chaco und rasieren mit den Ketten alles ab, was aus dem Boden wächst. »Chaining« nennen sie diese Technik. Die toten Büsche und Sträucher setzen die Arbeiter danach in Brand. Nur die Bäume sind etwas wert. Sie zersägen sie, verkohlen sie und verkaufen sie nach Europa.

Auf der Website von Global Forest Watch kann man Satellitenbilder der letzten Jahrzehnte durchlaufen lassen wie ein Daumenkino. Es erinnerte mich an *Minesweeper*, ein Spiel, das zur Grundausstattung von Windows gehörte und dessen Regeln ich nie wirklich verstand. Man klickte auf ein Feld mit einer Zahl, und plötzlich öffneten sich überall in dessen Umgebung weitere Felder. Mit jedem Klick multiplizierten sich die Quadrate.

In Paraguay begann es mit ein paar hellgrünen Rechtecken im dunkelgrünen Wald, irgendwann um das Jahr 2000. Mit jedem Monat vermehrten sich die hellen Rechtecke. Inzwischen sieht das ganze Land aus wie das Tarnmuster der US-Army: Pixel in Hellgrün, Hellbraun, Dunkelbraun. Und nur noch vereinzelt Dunkelgrün. Sechs Millionen Hektar Wald wurden seit der Jahrtausendwende zerstört – fast die Fläche von Bayern. Damit hat man achthundertsechsundsechzig Millionen Tonnen Kohlendioxid freigesetzt. Ungefähr so viel stößt ganz Deutschland in einem Jahr aus.

Im Amazonasgebiet, im Nachbarland Brasilien, sehen die Luftbilder der Rodungen anders aus: Dort entsteht deutlich langsamer ein feines Fischgrätenmuster, wenn Holzfäller von Stichstraßen aus mühsam Schneisen in den Wald sägen. Der locker bewachsene Chaco ist dagegen wie für die eigene Zerstörung gemacht.

Wir verbrachten die Nacht in einem Dorf mit einem einzigen Restaurant an der ungeteerten Hauptstraße. Der Regen trommelte die ganze Nacht auf das Wellblechdach des Motels. Wir hatten erst zwei Drittel der Strecke zu den Köhlern hinter uns; unser Fahrer war nach dem Vorfall deutlich langsamer gefahren – auch weil die Vorderreifen bis aufs Stahlgewebe runtergebremst waren und bei höherem Tempo ein flappendes Geräusch von sich gaben. Am

nächsten Morgen steuerte er das Auto auf einen verrosteten Dieselkahn, der uns eine halbe Stunde den Río Paraguay hinaufbrachte, nach Puerto Casado. Auch dieser Fluss war weit über die Ufer getreten, das Wasser milchig braun.

Dann endlich, nach zweieinhalb Tagen Anreise, kamen wir zu den Köhlern. Das heißt: wir hatten sie fast erreicht, als wir fünfzig Schritte von ihrer Hazienda entfernt in der überschwemmten Einfahrt stecken blieben. Ein Arbeiter in Gummistiefeln holte einen alten Traktor und zog uns aus dem Schlamm.

**IN DEUTSCHLAND WERDEN IM SCHNITT ZWEIUNDZWANZIGTAUSEND TÜTEN À FÜNF KILO PARAGUAYISCHE KOHLE VERBRAUCHT. JEDEN TAG.**

Danach gab es erst mal den südamerikanischen Standardteller: dünne Steaks, schwarze Bohnen und frittierte Kochbananen. Die Farm war über hundert Jahre alt, im hinteren Teil verfallen und stand inmitten eines weitläufigen Gartens direkt am Fluss. Ein paar Nandus, südamerikanische Strauße, standen verloren auf dem halb überfluteten Rasen. Eine ältere, blasse Frau namens Rosalía leitete die Hazienda. Sie trug ein altertümliches Rüschenkleid und sprach Deutsch. Aber eine Version der Sprache, die ich nur mit Mühe verstand. Es erinnerte mich an meine böhmische Oma und Schwarz-Weiß-Filme, die wir im Geschichtsunterricht gesehen hatten. Rosalía rollte das R, sagte »Veegel« statt »Vögel« und »Beime« statt »Bäume«. Kein Wunder: Ihre Familie lebte seit drei Generationen in Paraguay; sie selbst war noch nie in Deutschland gewesen.

Sie war eine Nachfahrin der Mennoniten, evangelischen Freikirchlern aus Deutschland, die vor Verfolgung nach Südamerika geflohen war. Anfang des zwanzigsten Jahrhunderts hatten sie überall in Paraguay Kolonien gegründet und betreiben dort bis heute viele Farmen und Kooperativen; teilweise leben sie noch wie vor hundert Jahren, ähnlich wie die Amischen in den USA. Zum Glück gab es in unserer Hazienda Strom, und wenn auch kein Handynetz, dann zumindest tagsüber WLAN.

Puerto Casado bestand aus einer Hauptstraße, von der ein paar ungeteerte Wege abgingen, mit einstöckigen Wohnhäusern, ein paar Geschäften, einem Fußballplatz und einer Landebahn für Kleinflugzeuge. Am Ortsrand standen leere Fabrikhallen mit eingestürzten Dächern und alte Containerzüge. Gegründet hatte das Dorf ein argentinischer Geschäftsmann Ende des neunzehnten Jahrhunderts. Er baute eine Fabrik und verlegte Eisenbahnschienen, um aus den Bäumen des Chaco Tannin zu gewinnen – einen Gerbstoff, den man braucht, um Leder herzustellen. Es war die Blütezeit des Städtchens. Mitte der neunziger Jahre ging die Firma pleite. Seither arbeiten die meisten der verbliebenen sechstausend Einwohner in der Rinderhaltung.

Der Regen hielt noch zwei Tage an. Das Haupthaus der Hazienda stach bald als einziger höherer Punkt aus dem überfluteten Garten hervor, wie eine Arche. Die Köhler, die in Puerto Casado wohnten, kamen hin und wieder vorbei, stellten ihre Gummistiefel draußen ab und vertrieben sich die Zeit mit einem Bier im Wohnzimmer, während im Fernseher Prügelfilme mit Steven Seagal liefen. Einer der Köhler war César, ein breitgebauter, glattrasierter junger Mann mit Grübchen in der Wange und einem fehlenden Eckzahn. Er war der Vorarbeiter. »Tanta lluvia, tanta lluvia«, murmelte er immer wieder, während er über den See blickte, der mal der Garten gewesen war. So viel Regen, sagte er, habe es seit Jahren nicht gegeben. Die Kohleöfen waren unbenutzbar, das gestapelte Holz durchnässt, die Produktion würde in diesem Monat deutlich zurückgehen.

Mit der Köhlerei, erzählte er mir, hatten sie in dieser Gegend erst vor zehn Jahren angefangen. Die Farmer hatten erkannt, dass die gerodeten Felder noch extra Geld abwarfen, wenn ihre Arbeiter das Holz spalteten und in Öfen verkohlten. So hatten sie in der Gegend einen neuen Beruf erschaffen – und ein neues Landschaftsbild: Entlang der frisch gefällten Waldflächen zogen sich nun Hunderte Meter lange Reihen rötlichbrauner Öfen, wie riesige Maulwurfshügel, aus denen es qualmte.

Deutsche Importeure wurden bald zu Stammkunden. Im Land der Grillmeister werden im Schnitt zweiundzwanzigtausend Tüten à fünf Kilo paraguayische Kohle verbraucht. Jeden Tag. Nicht in allen Tüten steckt gerodeter Primärwald. Es gibt Unternehmen, die sich auf nachhaltige Forstwirtschaft spezialisiert haben. Etwa die Hazienda, die mich eingeladen hatte. Die Arbeiter hatten auf Tausenden Hektar ehemaliger Urwaldfläche eine Eukalyptusmischung angepflanzt, die innerhalb von acht Jahren nachwuchs. Ich machte mir nichts vor: Dieses Geschäftsmodell war der einzige Grund, weshalb ich hier willkommen war. Man wollte sich als Vorzeigeköhlerei präsentieren, in der es nun nachhaltig und ökologisch korrekt zuging – zumindest wenn man davon absah, dass auch auf der Fläche der Plantagen früher mal Urwald gestanden hatte.

Aber diese Art der Forstwirtschaft ist die Ausnahme. Für gewöhnlich ist paraguayische Holzkohle ein Nebenprodukt von gerodetem Urwald. Ein lukratives Geschäft der Rindfleisch- und Sojaindustrie.

Wie viele Leute ahnen wohl, dass sie die Abholzung des Urwalds mitfinanzieren, wenn sie im Sommer einen Papiersack Grillkohle vom Baumarkt holen? Es klingt ja auch schwer vorstellbar. Die EU-Holzhandelsverordnung soll zum Beispiel eigentlich verhindern, dass Produkte aus tropischen Urwäldern in Europa verkauft werden. Aber *Kohle* aus Tropenholz fällt nicht unter die

Verordnung. Weder Produzenten noch Abfüller noch Zwischenhändler müssen angeben, woher genau das Holz stammt. Und selbst wenn als Herkunft Polen oder die Ukraine auf der Packung stehen, kann man nicht sicher sein, dass europäisches Holz in der Tüte ist. Es handelt sich dabei oft um gemischte und umetikettierte Ware aus Südamerika oder Afrika, haben Tests des WWF ergeben.

Und das fand ich nicht mal das Schlimmste. Seit Jahren berichteten Zeitungen und Menschenrechtsorganisationen über Sklaverei und Menschenhandel im Chaco. 2016 entdeckten Inspektoren der Regierung auf einer mennonitischen Farm an der Grenze zu Bolivien eine Gruppe Arbeiter, die unter »unmenschlichen Bedingungen« im Wald hausen mussten, wie der *Guardian* berichtete, während sie illegal gerodetes Holz verkohlten. Darunter auch Kinder. Es waren Indigene, die die Farmer über tausend Kilometer von ihrem Stamm entfernt zur Arbeit gezwungen hatten. So blieben die vermeintlich guten Christenmenschen ganz in der Tradition der katholischen Konquistadoren fünfhundert Jahre zuvor. Ein Bericht der Vereinten Nationen bekräftigte 2018, dass es in der paraguayischen Rindfleischindustrie noch immer moderne Formen der Sklaverei gab. Was auch immer wir also hier auf unserer Drehreise sehen würden – es wäre die geschönte Version eines rundum dreckigen Geschäfts.

Am dritten Tag war es so weit. Der Wasserpegel im Garten war über Nacht gesunken, obwohl es immer noch leicht regnete. Mein Arbeitstag als Köhler konnte beginnen. Wir kletterten in unseren Geländewagen und folgten César, der sich in einem riesigen Pick-up mit Allradantrieb vor uns durch den Schlamm grub. Es ging eine halbe Stunde auf der schnurgeraden Forststraße entlang. Links und rechts wechselte sich urwüchsiger Wald ab mit gerodetem Brachland und Eukalyptusplantagen. Die Autos pflügten sich durch knietiefe Matschlöcher. Zwischendurch kamen uns Pick-ups mit durchnässten Forstarbeitern und Motorsägen auf der Ladefläche entgegen. Regenmäntel hatte hier niemand.

Am Rand einer Pflanzung hielten wir an. Der Boden war übersät mit gesplitterter Baumrinde. Hellbrauner Rauch, der beim Atmen in der Kehle kratzte, hing in der Luft wie Nebel. Es stank nach Sumpf und Feuer. Ein paar Schritte durch den Matsch und wir kamen zu einem Baucontainer. Vier indigene Arbeiter standen in zerlöcherten Fußballtrikots unter dem Dach und rauchten. Der beißende Qualm kam aber aus den braunen Kuppeln, die sich in vier Reihen bis an den Horizont zogen. Ein Dutzend anderer Arbeiter packte dort gerade Holzscheite auf Haufen. Wir waren da.

César führte mich zu einem leeren Meiler. Ein Berg nasser Holzblöcke lag davor. »Das muss alles da rein?«, fragte ich. Er nickte. Der Ofen muss möglichst vollgepackt werden. Man stellt die armlangen Blöcke aufrecht an die Rückwand und arbeitet sich dann langsam nach vorne. Dazu muss man mit jedem Klotz, schwer wie eine Kiste Bier, einzeln durch die hüfthohe Öffnung in den Meiler kriechen. In der Mitte hatte die Kuppel eine Höhe von etwa anderthalb Metern. Ein Kind konnte darin bequem aufrecht stehen. Aber für einen gut eins achtzig großen Menschen wie mich bedeutete ein Arbeitstag als Köhler: zweieinhalb Tonnen Holz in gebückter Haltung bewegen. Und sich dabei alle zwei Minuten den Kopf anschlagen. Kurz wollte ich protestieren und vorschlagen, statt einem ganzen Meiler an diesem Tag nur einen halben einräumen zu müssen. Dann erinnerte ich mich an die minderjährigen Zwangsarbeiter, von denen der *Guardian* berichtet hatte. Sie machten vermutlich auch jetzt gerade irgendwo da draußen diesen Job.

Nach vier Stunden hatte ich den Meiler bis unter die Decke vollgepackt. Kein Holzscheit passte mehr rein. Meine Lendenwirbel schmerzten. Ich war nicht mehr regen-, sondern schweißnass. Aber César schien zufrieden. Jetzt kam ein kleiner Mann mit großen vernarbten Händen und spritzte aus einer alten Plastikflasche

Benzin in den vorderen Bereich des Ofens. Er sprach Guaraní, eine im südlichen Teil Südamerikas weitverbreitete indigene Sprache. César erklärte, dass er der zuständige Feuermacher war. Der Mann warf ein glimmendes Stück Pappe unter die Holzscheite. Es brauchte ein paar Versuche, weil das Holz, der Boden und der Meiler durchweicht waren vom Regen. Aber dann fing es an zu rauchen und zu knistern. Der Feuermacher mauerte mit kleinen Ziegeln die Öffnung zu. Mit der Hand strich er Lehm in die Ritzen des Mauerwerks, bis der Meiler, abgesehen von ein paar Schlitzen, luftdicht verschlossen war. Nur aus dem Loch in der Mitte der Kuppel stieg noch eine dünne Rauchfahne in den grauen Himmel.

Das Prinzip der Köhlerei ist uralt. Ein Haufen Holz wird vergraben oder eingepackt, an einer Stelle entzündet und dann mit so wenig Sauerstoff versorgt, dass das Holz nicht verbrennt, sondern langsam verkohlt. Dabei verdampfen die Flüssigkeit und andere organische Stoffe. Übrig bleibt das Kohlenstoffgerüst der Holzzellen. Dieses Gerüst wiegt nur etwa ein Drittel, ist leicht zu transportieren und brennt deutlich heißer als Holz. Die Köhlerei wurde zur Boombranche, als ab dem sechzehnten Jahrhundert in Europa die Zeit der Eisenhütten begann. Für die Hochöfen brauchte man große Hitze. Übrigens ist das der Grund, weshalb es in Europa so gut wie keine Urwälder mehr gibt: Man rodete für die Eisenverarbeitung fast den kompletten Baumbestand. Ende des achtzehnten Jahrhunderts wurde das Holz in Deutschland so knapp, dass man Treppen und Zaunpfähle verheizte. Die Eisenherstellung wurde damit zum Auslöser einer ersten großen Nachhaltigkeitsbewegung – die aber eher noch ganz im Sinne der Wirtschaft dachte.

Die Köhlerei ist außerdem ein extrem schmutziges Handwerk. Jede Menge Giftstoffe treten beim Verkohlen aus und verseuchen die Umwelt. Auch deshalb ist in Deutschland die Holzköhlerei ausgestorben. Aber hier in Südamerika ist das dreckige Handwerk noch lebendig; vor allem dank der fleißigen Grillmeister in Deutschland, die Wert auf das echte Holzaroma legen – und denen der Sack Kohle gar nicht günstig genug sein kann.

Und das ist nur der Brennstoff. Was auf dem Grill liegt, schädigt den Urwald indirekt um ein Vielfaches mehr. Denn selbst Fleisch, das laut Verpackung »aus der Region« kommt, trägt dazu bei, dass der Chaco abgeholzt wird. Deutsche Rinder, Hühner und Schweine werden nämlich mit südamerikanischem Soja gefüttert. Europa importiert jährlich knapp fünfzig Millionen Tonnen davon, einen großen Teil aus Paraguay. Allein die importierte Menge braucht eine Anbaufläche in der Größe von Österreich.

> **GROSSKONZERNE ENTEIGNEN KLEIN-
> BAUERN ODER ENTSCHÄDIGEN SIE MIT SO
> WENIG GELD, DASS SIE DIE LANDWIRT-
> SCHAFT AUFGEBEN MÜSSEN. DIE BAUERN
> MÜSSEN DANN IN DIE GROSSSTÄDTE
> ZIEHEN, WO SIE SICH IN DEN ARMENVIER-
> TELN ALS TAGELÖHNER DURCHKÄMPFEN.
> SO MACHT MAN AUS LANDWIRTEN KON-
> SUMENTEN – EBENFALLS GANZ IM SINNE
> DER AGRARKONZERNE.**

Die Frage ist, wo dieses Soja wächst: Auf ohnehin schon entwaldeten Feldern – oder auf frisch gerodetem Waldboden? Eine Studie der US-Umweltorganisation Mighty Earth belegte 2019, dass große Konzerne auf den illegal gefällten Flächen im Chaco Millionen Tonnen Soja anbauen, die direkt nach Europa gehen. So heizt nicht nur unser Grill, sondern auch unser schönes Nackensteak aus der Region die Entwaldung Südamerikas mit an. Es ist eine Umweltkatastrophe in unserem Auftrag. Im Vergleich zu den Emissionen, die die Entwaldung verursacht, fällt das $CO_2$, das beim Grillen mit der Kohle austritt, allerdings kaum noch ins Gewicht. Wenn wir dem Klima möglichst wenig schaden wollen, sollten wir vor allem auf dem Elektrogrill (mit Ökostrom) saisonale Erzeugnisse zubereiten – und auf Rindfleisch und Grillkäse (aus Kuhmilch) verzichten.

Nachdem der Meiler abgedichtet war, würde er nun etwa eine Woche brauchen, um das Holz zu verkohlen. Der Feuermeister zeigte mir, wie man anhand der Farbe des Rauches erkennt, wie viel Luft in die Öfen gelassen werden muss: Frisch angezündete Meiler qualmen dick und weiß. Ist die Kohle fertig, ist der Rauch fast durchsichtig. Dann schließt man auch die letzten verbliebenen Löcher mit Lehm und erstickt das Feuer dadurch. Nach ein paar Tagen, wenn alles ausgekühlt ist, beginnt der letzte Teil der Arbeit.

César und ich öffneten einen erkalteten Meiler. Mit einer Atemschutzmaske auf dem Gesicht und einem Rechen in der Hand kroch ich hinein. Staub lag in der Luft und es war noch immer heiß. Ich schaufelte die Brocken in eine Schubkarre. Es war weniger Schlepperei als das Beladen des Meilers am Vormittag: Aus den zweieinhalb Tonnen waren achthundert Kilo Kohle geworden. Aber dafür bekam ich nur wenig Luft. Sie roch beißend nach Asche. Gebückt zwischen den aufgeheizten teerschwarzen Wänden des Ofens zu arbeiten, fühlte sich an wie in einem Albtraum.

Etwa zweihunderttausend Menschen in Paraguay arbeiten in der Köhlerei, schätzt Greenpeace. Es ist eine Branche, in der kaum jemand offiziell angestellt ist. Die Arbeit ist ungesund und extrem schlecht bezahlt. César verdiente als Vorarbeiter dreihundertvierzig Dollar im Monat; aber das dürfte eine Ausnahme sein. Und weil nur wenige Firmen Kohle nachhaltig herstellen, also die gerodeten Flächen wieder aufforsten, vernichtet sich die Arbeitsgrundlage schrittweise selbst. Die meisten Köhler ziehen von einem Farmer zum nächsten. Wenn der nach getaner Arbeit auf den entwaldeten Flächen Soja anbaut, sind die Männer arbeitslos.

Es ist ein Phänomen, das so ähnlich in vielen Ländern in Lateinamerika für Probleme sorgt. Großkonzerne kaufen günstig riesige Mengen Land, um dort Soja anzupflanzen oder Rinder grasen zu lassen. Sie enteignen dafür Kleinbauern oder entschädigen sie mit so wenig Geld, dass sie die Landwirtschaft aufgeben müssen. So verliert die Bevölkerung die Möglichkeit, sich selbst zu ernähren. Nur noch acht Prozent der Landwirtschaftsfläche wird in Paraguay von Kleinbauern bewirtschaftet. Der Rest sind Monokulturen für den Export, hauptsächlich Soja. Deutschland ist der zweitgrößte Abnehmer davon.

Die enteigneten Kleinbauern müssen dann in die Großstädte ziehen, wo sie sich in den Armenvierteln als Tagelöhner durchkämpfen. So macht man aus Landwirten Konsumenten – ebenfalls ganz im Sinne der Agrarkonzerne. Die Menge des importierten Gemüses hat sich in Paraguay zwischen 2005 und 2015 verdrei-, die des importierten Obstes sogar vervierfacht.

Auch die Hochwasser und die immer längeren Dürreperioden sind eine Folge dieser Entwicklung. Der unberührte Wald, haben Forscher der Universität San Luís in Argentinien herausgefunden, nimmt auch bei schwerem Regen das komplette Wasser auf, während auf Weideland ein Drittel davon an der Oberfläche bleibt und Seen bildet. Sojaplantagen, auf denen der Boden komprimiert ist, nehmen sogar noch weniger Wasser auf. Gleichzeitig verdunstet ohne den Schatten der Bäume und Sträucher deutlich mehr Wasser aus dem Boden. Der dadurch verstärkte Regen fließt ungebremst in die Flüsse. Und deren steigende Ufer reißen als Erstes die Häuser der Armen mit sich, die ihre illegalen Behausungen oft direkt ans Wasser bauen müssen. Ein höllischer Kreislauf, der, einmal in Gang gesetzt, kaum noch in den Griff zu bekommen ist.

An unserem zweiten Nachmittag hatte ich mit César über das Thema gesprochen. Wir saßen unter dem Vordach der Hazienda, blickten rüber zum angeschwollenen Fluss und warteten darauf, dass der Regen nachließ. Viele seiner Freunde aus dem Ort waren weggegangen, erzählte er und zog an einer Zigarette. In den Westen, wo die großen Rinderfarmen lagen, oder in die Hauptstadt.

Ein paar wenige hatten es geschafft, besser bezahlte Arbeit zu finden. »Wenn du hierbleibst«, sagte César und blies den Rauch in den Regen, »hast du keine Wahl.« Arbeit auf der Rinderfarm, in der Holzfällerei oder als Köhler. Sonst gab es nichts, seit die Tannin-Fabriken dichtgemacht hatten, in denen sein Vater noch gearbeitet hatte. Dass die Entwaldung schlecht war für die Umwelt, wusste César natürlich. An Hochwasser oder auch nur mehrere Tage Regen am Stück konnte er sich aus seiner Kindheit nicht erinnern. Er wurde einsilbig. Die Köhlerei, sagte er, arbeite ja wenigstens nachhaltig und verwende nur gepflanztes Holz. »Zumindest *fast* nur.« Nach einer Pause schüttelte er den Kopf: »Den Wald zu roden ist nie gut.« Es klang ein bisschen auswendig gelernt. Ein Satz für den Reporter. Aber was sollte er auch sagen. Aus dem Trockenwald kann man nun mal keine Familie ernähren.

Das größte Problem des Gran Chaco, verstand ich allmählich, war seine Unbekanntheit. Dieser Riese unter den Urwäldern wirkte mit seinen Grasflächen und Dornenbüschen, einzelnen Bäumen und Palmen fast wie Brachland. Zu unscheinbar, um geschützt zu werden. Viele Umweltorganisationen haben in den letzten Jahren Kampagnen gestartet, die den Menschen klarmachen sollen, dass dieses trockene Gestrüpp mitten im Kontinent trotzdem ein wertvolles Ökosystem darstellt. Die Idee ist, den Erfolg der Kampagnen um den brasilianischen Regenwald zu wiederholen. Dessen Funktion als Lunge des Planeten ist inzwischen jedem klar. Die Bilder von der Zerstörung des Amazonas haben es ins Bewusstsein der Welt geschafft. Der öffentliche Druck führte zu einem Soja-Moratorium, das die Entwaldung für Soja – zumindest bis vor ein paar Jahren – fast komplett stoppte. Viele Konzerne haben erkannt, dass sie mit regenwaldfreundlichen Produkten werben können. Nur roden dieselben Firmen jetzt oft nebenan in Paraguay den Chaco, ohne dass es jemanden stört.

Die Europäische Union, deren Länder die Hauptabnehmer des Soja stellen, könnte locker den nötigen Druck aufbauen, glauben Experten. Damit wären zwar noch längst nicht alle Probleme gelöst, die mit der Fleischproduktion entstehen, aber dass kein Urwald gerodet, keine Arten vernichtet und keine Kleinbauern und indigenen Völker vertrieben würden, müsste doch das Mindeste sein, was Lebensmittelkonzerne garantieren sollten. Noch fehlen von der EU entsprechende Direktiven. Aber für den »Green Deal«, der Europa bis 2050 klimaneutral machen soll, arbeitet die Kommission derzeit, im Sommer 2021, an einer neuen Forststrategie. Sie soll den Import von Produkten, die mit Entwaldung in Verbindung stehen, verbieten und auch die sogenannten importierten Emissionen einrechnen. Umweltschutzorganisationen hoffen, dass die Gesetzesvorlage nicht noch von der Industrielobby verwässert wird.

Ein paar Tage nach meiner Betätigung als Hilfsköhler fuhren wir zurück Richtung Asunción. Der Regen hatte aufgehört, aber alle paar Kilometer zogen vor dem Fenster riesige braune Seen vorbei. Noch wenige Wochen vorher waren das Felder gewesen. An den Rändern standen meist ein paar schlichte Holzhütten mit Wellblechdach, denen das Wasser bis zum Fenster stand. Das waren die Häuser der Bauern. Direkt an der Straße, die wie ein Damm leicht erhöht durch die Landschaft führte, saßen Frauen in Zelten, Kinder winkten. Während unseres Besuches hatte das Wasser des Río Paraguay die Häuser von zweiundsechzigtausend Familien überspült.

# ROSEN VON DER NILPFERDWIESE

Der tote Taiwaner war selbst schuld. So sah es zumindest der Träger, der mir half, die Koffer von der Rezeption in Richtung meiner Hütte zu schleppen. Er war ein stämmiger Mann in einer sandfarbenen Safari-Uniform. Der Taiwaner war fünf Monate zuvor getötet worden. Im Garten des Hotels, am Ufer des Naivashasees. Keine hundert Meter von dem gepflegten Fußweg, über den ich gerade dem Träger folgte, an Akazien und blühenden Oleandersträuchern vorbei.

»Er ist hingegangen, um ein Foto zu machen. Ganz nah. An ein grasendes Hippo«, rief der Mann, während er in Ermangelung einer freien Hand mit seiner Stirn in Richtung der Wiese deutete, um die herum in einem lockeren Halbkreis die strohgedeckten Backsteinhütten standen, wo ich die nächsten Nächte schlafen würde. Das Nilpferd hatte getan, was Nilpferde in solchen Fällen häufig tun: zubeißen. Sie gelten nicht ohne Grund als die für den Menschen gefährlichsten Landsäugetiere, trotz ihrer Knopfaugen und der niedlichen Stampfbeine. »Sehr, sehr, sehr dumme Idee«, brummte der Träger und schüttelte den Kopf.

Nicht alle im Hotel hatten eine so dezidierte Meinung zu dem Vorfall. Die Frauen an der Rezeption sprachen kein Wort darüber. Dort wurden weiterhin handgeschnitzte Hippos als Souvenir verkauft. In vier Größen. Der Taiwaner, las ich später, war der sechste Hippo-Tote in diesem Jahr – allein am Ufer dieses Sees. Der Wasserspiegel war in den letzten Jahren stark gestiegen, weshalb die Tiere nachts zum Grasen immer weiter an Land kamen, in die Gärten und Wohnanlagen. Der Grund für den Wasseranstieg war auch der Grund meiner Reise: die stark wachsende Blumenindustrie.

Die Hotelleitung hatte reagiert. Auf dem Gelände herrschte nun eine Begleitungspflicht. Als ich das erste Mal von meiner Hütte zum Essen wollte, das keine hundert Meter entfernt im Haupthaus serviert wurde, musste ich meinen Wunsch der Rezeptionistin melden. Zehn Minuten später stand ein Mitarbeiter vor der Tür; in der Hand eine anderthalb Meter lange Holzkeule. »Jambo«, rief er grinsend – das ist der Allzweckgruß auf Kiswahili – und ging dann mit wippenden Schritten vor mir her in Richtung All-you-can-eat-Büfett.

Traditionell wurden diese Keulen von den Kriegern der Massai benutzt. Das halbnomadisch lebende Volk, weltberühmt für seine Tänze und rot karierten Umhänge, hatte jahrhundertelang hier gelebt, bis die Briten es Anfang des zwanzigsten Jahrhunderts aus dem fruchtbaren Tal vertrieben, um dort selbst Landwirtschaft zu betreiben. Das heutige Kenia hieß damals Britisch-Ostafrika. Und wie so oft in der Geschichte dieses Kontinents war auch der Beginn des Nilpferdproblems eine Mischung aus Rassismus, Gier und Verrat: Die Briten hatten mit den Massai 1904 einen Vertrag abgeschlossen, der dem Volk ein Reservat in dem Tal zusicherte. Sieben Jahre später wurde dieser Vertrag von den Kolonialherrschern gebrochen. Die Massai, behaupteten die Briten, hätten angeblich um ihre eigene Umsiedlung gebeten. Ganz zufällig hatten damit weiße Farmer plötzlich freien Zugang zu einer der klimatisch günstigsten Hochebenen Afrikas. Aber weil die Natur sich nicht darum schert, welcher Mensch welchen Landstrich für sich beansprucht und auch nicht darum, wer wie viel Geld für ein Doppelzimmer mit Seeblick bezahlt, hatte die Gegend jetzt, hundertzehn Jahre später, ein Problem mit toten Touristen.

Aber auch, wenn man sich kaum für die Unfälle interessierte, war es unmöglich, die Natur zu ignorieren. Büffel standen in Ufernähe bis zum Rücken im Wasser, Vögel mit kompliziert gemusterten Federn saßen auf den Baumkronen, die noch aus dem Wasser ragten, Krokodile lagen auf Sandbänken und Affenhorden polterten über das Dach der Frühstücksterrasse. Eines Nachmittags wandelte sogar eine Giraffenmutter mit Kind quer durch den Garten – in aller Gemütsruhe, keine zwanzig Meter entfernt von der Bank, auf der ich gerade saß. Es wirkte, als säße ein Regisseur hinter den Büschen, der nur darauf wartete, das nächste typisch afrikanische Wildtier in die Szenerie zu schicken.

> **EIN GROSSER TEIL DER WELTWEIT VERKAUFTEN BLUMEN WIRD HIER IN KENIA GEZÜCHTET.**
> **DIE VULKANISCHEN BÖDEN SIND FRUCHTBAR, DIE ARBEITSKRÄFTE BILLIG, UND DER STAAT REDET WENIG DAZWISCHEN, WAS MINDESTLÖHNE ODER SOZIALABGABEN ANGEHT.**

Wer etwas genauer hinsah, erkannte freilich, dass in dem paradiesischen Bild ein paar Dinge nicht stimmten. Nicht nur, dass Flusspferde normalerweise nicht in Hotelgärten grasen. Die Bäume, deren Kronen zehn Meter vom Ufer entfernt aus dem Wasser ragten, hatten ursprünglich an Land gestanden. Dabei war die Pegelhöhe des Sees noch zehn Jahre zuvor massiv zurückgegangen. Man fürchtete schon, er könnte austrocknen. Die Blumenfarmen ringsum hatten zu viel Wasser abgepumpt. Außerdem maß die Wasserbehörde erhöhte Konzentrationen von Düngemitteln.

Der Pegel war dann zwar wieder gestiegen, aber aufgrund eines neuen Problems: Der Dünger hatte das Wachstum einer invasiven Pflanze angekurbelt; der Dickstieligen Wasserhyazinthe. Deren schwerer Blätterteppich wucherte nun das Ufer zu, entzog dem See Sauerstoff, vertrieb die Fische und verschlammte den Grund. Der See wurde flacher. Deshalb überflutete er nun regelmäßig Wohngebiete. Wie unter einem Brennglas zeigte sich am Naivashasee, was für Ökosysteme überall gilt: Alles hängt mit allem zusammen.

Als wir von Nairobi gekommen waren, hatte sich uns in nordwestlicher Richtung ein spektakulärer Blick eröffnet. Die Straße führte an einer Kante entlang, von der aus man unglaublich weit sehen konnte. In der Tiefe erkannte man eine ausgedehnte grüne Oase mit einem nahezu runden blauen Auge in der Mitte. Das war unser See. Er liegt im Great Rift Valley, einer Art gigantischem Riss in der Kontinentalplatte, an dem sich Ostafrika seit Millionen Jahren allmählich vom Rest des Kontinents löst. Das Tal ist durchzogen von Vulkanen, Flüssen und Seen. Aber man sieht auch immer wieder große weiße Zelte. Vor allem das Südufer des Naivasha ist von ihnen umrahmt. Ihretwegen war ich gekommen.

Wir holperten morgens um halb acht in einem weißen Nissan-Bus durch den Berufsverkehr am Ufer entlang; vom Hotel zum sogenannten Flower Business Park. Es roch nach Benzin und Müll; und wie jedes Mal in Afrika wurde mir schon auf der Straße bewusst, an welchen Luxus ich mich über die Jahre gewöhnt hatte. Die Mehrheit der Pendler war zu Fuß unterwegs. Im roten Staub am Straßenrand gingen Gruppen von Kindern in Schuluniform und Frauen im Businesskostüm. Männer auf Mopeds, hinter sich Anhänger, auf denen meterhoch Vogelkäfige gestapelt waren.

Es war Anfang Februar und in den Zelten am See herrschte Hochbetrieb. Denn in dieser Zeit des Jahres hatten mehr als zweitausend Jahre zuvor im alten Rom heidnische Paarungsrituale stattgefunden: die Lupercalien. Priester opferten Ziegenböcke und

peitschten mit den Häuten auf Frauen ein, die sich davon Fruchtbarkeit versprachen. Im fünften Jahrhundert nach Christus hatte die katholische Kirche das Ritual ersetzt mit einem Feiertag zu Ehren des Heiligen Valentin, eines Märtyrers, der in Rom verbotenerweise christliche Paare getraut haben soll. Die Vermischung dieser beiden Traditionen hat dazu geführt, dass der 14. Februar heute als Tag der Liebe und der Fruchtbarkeit gilt. Und dass im Februar Männer überall in der westlichen Welt Rosen kaufen.

Ein großer Teil der weltweit verkauften Blumen wird hier in Kenia gezüchtet. Die vulkanischen Böden sind fruchtbar, die Arbeitskräfte billig, und der Staat redet wenig dazwischen, was Mindestlöhne oder Sozialabgaben angeht. So ist der See ein Hotspot der kenianischen Volkswirtschaft geworden; Blumen sind nach Tee und Tourismus die wichtigste Erwerbsquelle. Hunderttausende Kenianer leben direkt von der Blumenproduktion, Millionen indirekt.

Vor dem Sicherheitstor, hinter dem die Blumenfarm lag, fand ein großer Sitzstreik statt. So sah es jedenfalls aus: Mindestens hundert Frauen und Männer hockten neben der Einfahrt im Schatten von Tamarindenbäumen auf Plastikstühlen oder auf dem Boden. Einige hatten Wasserflaschen und Plastiktüten mit Essen dabei. Es wirkte, als machten sie gerade Pause oder ruhten sich noch kurz vor der Arbeit aus. Aber diese Menschenmenge, lernte ich später, saß dort jeden Tag. Von morgens bis abends. Es waren Arbeitslose, die Tag für Tag darauf warteten, dass im Flower Business Park eine neue Stelle geschaffen würde, dass jemand seinen Job verlor oder – auch wenn das eine geradezu lachhafte Idee zu sein schien – von sich aus kündigte. Die Jugendarbeitslosigkeit in Kenia ist hoch; mehr als ein Drittel der Bevölkerung lebt in extremer Armut.

Bigot Flowers war eine Rosenfarm mit gut tausend Angestellten. Bigot war der Nachname der französischen Unternehmerfamilie, die die Farm 2002 aufgemacht hatte. Bis dahin hatten sie die Rosen in Frankreich angebaut; was deutlich teurer gewesen war.

Vor einem weißen Flachbau, eingerahmt von gepflegten Sträuchern und Palmen, begrüßte mich Charity Opon, eine Frau in violettem Kleid und auf High Heels, die Personalchefin der Farm. Und weil ich mich unter ihr Personal mischen würde, war sie nun auch meine Chefin. Sie führte mich in eine Lagerhalle, in der mir ein Mann dicke Gummistiefel aushändigte, Handschuhe aus Wildleder, die den kompletten Unterarm abdeckten, einen Overall und einen blauen Mantel. Als Letztes bekam ich, wie ein wertvolles Schwert, eine Rosenschere überreicht. Mein Werkzeug.

> **WENN MAN DAVON AUSGEHT, DASS SICH DIE MEISTEN EUROPÄER NICHT DAZU BEWEGEN LASSEN WERDEN, STATT EINER ROSE ETWA EIN SAISONALES SCHNEEGLÖCKCHEN ZU VERSCHENKEN, IST DIE KENIANISCHE FLUGROSE IMMER NOCH DIE ÖKOLOGISCH KORREKTERE LÖSUNG.**

Die Farm war zwar eine von vielen, aber dennoch besonders, denn sie ist Fairtrade-zertifiziert. Deshalb tragen die Rosen, die hier gezogen, geschnitten und zu Sträußen verpackt werden, am Ende ein blau-grünes Siegel, wenn sie in europäischen Supermärkten stehen. Fairtrade-Produkte sind oft etwas teurer als konventionelle. Das Siegel steht für faire Arbeitsbedingungen, strengere Standards im Umweltschutz und eine gerechte Lieferkette. Wer Fairtrade kauft, zahlt ein paar Cent mehr für ein gutes Gewissen. Zu Recht?

Dass Rosen in Kenia angebaut werden, um dann per Flugzeug nach Europa geflogen zu werden, ist für mich der blanke Irrsinn. Ein Produkt, das keinen wichtigen Zweck erfüllt, das wirklich nur zur Deko da ist, wird in einer Gegend angebaut, in der das Wasser knapp ist; wird dann mit jeder Menge klimaschädlichem Kerosin um die halbe Welt geflogen, um schließlich im besten Fall nach einer Woche im Biomüll zu landen.

Ist da das Fairtrade-Siegel nicht der reine Hohn? Natürlich. Aber gleichzeitig ist es so einfach auch wieder nicht. Denn wie eine britische Studie zeigt, spart die Produktion im Great Rift Valley vergleichsweise sogar Energie. Die Menge an Kohlenstoffdioxid, die ausgestoßen wird, um die Schnittblumen aufzuziehen und nach Europa zu bringen, entspricht nur etwa einem Fünfzehntel der Menge, die entstünde, wenn man die Blumen in Holland anbaute. Denn dann müsste man Gewächshäuser beheizen. Wenn man also davon ausgeht, dass sich die meisten Europäer nicht dazu bewegen lassen werden, statt einer Rose etwa ein saisonales Schneeglöckchen zu verschenken, ist die kenianische Flugrose immer noch die ökologisch korrektere Lösung.

Charity brachte mich an endlosen Reihen von Gewächshäusern entlang zu meinem Arbeitsplatz. Die Konstruktionen aus weißer Plane und Metallbögen überspannten in der Gegend insgesamt zweitausend Hektar. Selbst auf Satellitenbildern erkennt man einen weißen Schimmer an der Südseite des Sees.

An den Eingängen mancher Gewächshäuser standen Metallschilder mit Totenköpfen: Hier wurde gerade Gift verspritzt. Ein Job, den nur Männer machen durften. Die Pestizide könnten Föten im Mutterleib schädigen. Eine Vorsichtsmaßnahme, die nicht etwa eine Selbstverständlichkeit ist, sondern eine Auflage der Fairtrade-Zertifizierung.

Und dann stand ich drinnen. In einem der Gewächshäuser, die von außen aussehen wie Hangars und von innen wie ein aufgeräumter

Wald. Es war heiß und feucht wie in einem Dampfbad und roch erdig nach Chlorophyll. In meiner linken Armbeuge lag, wie ein Neugeborenes, ein Bündel Rosenstiele. Mit der rechten Hand, in der ich die Schere hielt, legte ich alle paar Schritte einen frisch geschnittenen weiteren Stiel dazu. Das war zumindest die Idee.

**DANK DER FAIRTRADE-PRÄMIE HABEN ANNA UND IHRE KOLLEGINNEN EINE GESUNDHEITSSTATION AUF DEM FARMGELÄNDE GEBAUT, IN DER ALLE ANGESTELLTEN UMSONST BEHANDELT WERDEN.**

Quälend langsam arbeitete ich mich mit Anna, der mir zugeteilten Vorarbeiterin, an Dutzenden Reihen Rosenstielen entlang, die parallel angelegt waren wie in einem Maisfeld. Anna war Mitte dreißig, eine große Frau mit schüchternem Blick. Sie sprach leise und mit bedächtigem Ernst. Alle paar Minuten brach in ihrem Gesicht unerwartet ein breites Lachen auf. Meistens dann, wenn ich versuchte, einen Rosenstiel ebenso elegant wie sie mit der rechten Hand zu schneiden, genau über dem dritten Blatt von unten, und in derselben Bewegung auf den Haufen in meinem linken Arm zu legen. Zwei von drei Stielen fielen mir in den Dreck. Und beim Aufheben stach ich mir abwechselnd Dornen durch den Handschuh oder ließ die Hälfte meines Bündels fallen. Immerhin machte es Anna gute Laune.

Es ist schon mal eine Kunst für sich, aus den Hunderttausenden Rosen in einem Gewächshaus diejenigen auszusuchen, die bereit zum Ernten sind. Die Knospen müssen leicht geöffnet sein, sodass ein kleiner Tunnel einen Blick ins Innere der Blüte zulässt. Spreizen sich die äußeren Blätter aber so weit auf, dass man die Blüte bereits dekorativ findet, ist sie überreif. Sie würde verwelkt in Europa ankommen. Zur Hauptsaison ernten die Arbeiterinnen bei Bigot Flowers zweihunderttausend Rosen am Tag.

Eine Rose steht nur acht Wochen im Gewächshaus, bis sie geschnitten wird. Dann landet sie in einem Eimer mit einer Nährstofflösung und wird von dort per Traktor ins Kühlhaus gebracht, wo acht Grad herrschen. Am Tag darauf, wenn sie auf Länge geschnitten und zum Strauß gebunden ist, fliegt sie im Kühlraum einer Lufthansa-Maschine nach Frankfurt am Main. Die Blüten der kenianischen Rosen bleiben viel kleiner und blasser als die der teuren langstieligen Rosen. Aber diese Qualität verkauft sich im deutschen Supermarkt – für etwa zwei Euro pro Sträußchen.

In der brüllenden Mittagshitze gingen Anna und ich rüber zu einem Betonbau neben dem Kühlhaus. Unter einem Dach saßen Grüppchen von Frauen an Campingtischen und aßen Maisbrei mit Gemüse. Drei graue Affen hockten auf dem Dach und guckten neidisch runter. Wir holten uns jeder eine Plastikschale mit scharfem Bohnengemüse, Fisch und Ugali; so heißt der polentaähnliche Brei. Eine Essensportion kostet fünfzehn Cent und wird von der Firma subventioniert.

Der faire Handel wächst stark: In den vergangenen zehn Jahren haben sich die Umsätze in Deutschland und Österreich etwa vervierfacht. Das klingt nach einer ganzen Menge. Aber tatsächlich macht der Marktanteil fairer Produkte selbst im umsatzstärksten Produktsegment, bei Kaffee, nur knapp sieben Prozent aus. Im Schnitt gibt jeder Mensch in Deutschland zweiundzwanzig Euro im Jahr für faire Produkte aus; in Österreich ist es fast doppelt so viel. Die Schweiz steht in Europa beim Pro-Kopf-Konsum auf Platz eins. Dort geben Verbraucherinnen und Verbraucher im Schnitt hundert Franken für faire Produkte aus. Nicht nur, weil dort die Preise generell höher sind: »Deutschland ist das mit Abstand preisaggressivste Land«, erklärt Dieter Overath, der Chef des Vereins TransFair, der das Fairtrade-Siegel in Deutschland vergibt. »Die Deutschen retten die Welt gerne mit neunundneunzig Cent. Aber das ist unmöglich.« Geiz ist in der stärksten Volkswirtschaft Europas immer noch deprimierend geil. In Österreich, der Schweiz, den Niederlanden und Großbritannien ist man da schon weiter.

Aber die Fairtrade-Produkte haben mit Vorurteilen zu kämpfen. Vielleicht auch, weil Waren mit entsprechendem Siegel seit ein paar Jahren sogar in Discountern verkauft werden, hält sich ein gewisser Vorbehalt. Bei mir selbst ist das jedenfalls so. Wie fair kann ein Strauß Rosen schon sein, denke ich mir des Öfteren, wenn er bei den Preisdumpern neben der Billigwurst und den No-Name-Cornflakes steht?

Es ist eine Glaubensfrage, die die Fair-Trade-Szene seit ihren Ursprüngen beschäftigt: Soll man die großen Einzelhändler boykottieren, stattdessen eigene faire Lieferketten aufbauen und diese Produkte nur in Weltläden verkaufen? Oder ist es besser, über die Masse zu gehen – und mit Hilfe von Siegeln gewisse Standards in Großproduktionen einzuführen, um damit über die Supermärkte die breite Bevölkerung zu erreichen? Diesen Ansatz verfolgt das Fairtrade-Zertifikat.

Bei Anna sah ich, was das Siegel für eine Arbeiterin bringen konnte. Sie war, wie viele der Arbeiterinnen, alleinerziehend, hatte mit zwölf das letzte Mal eine Schule besucht, denn weiterführende Schulen kosten in Kenia Geld. Seit vor zehn Jahren ihr Mann gestorben war, arbeitete sie auf der Farm. Eine Freundin hatte ihr den Job vermittelt. Viele ihrer Bekannten arbeiteten auf einer der etwa hundertsiebzig Blumenfarmen, von denen aber nur achtundzwanzig die Standards des fairen Handels erfüllten. Diese Freundinnen, sagte sie, verdienten alle weniger, die meisten hätten keine Krankenversicherung. Außerdem müssten viele zu Fuß zur Arbeit laufen und zurück. Bigot dagegen holte seine Leute mit Shuttlebussen ab und brachte sie nach Hause.

Dass ich bei dieser Farm mitarbeiten durfte, hatte wieder mal den einfachen Grund, dass man viel Geld in das Zertifikat investiert hatte und jetzt gerne damit warb. Will eine Firma oder eine Bauern-Kooperative das Fairtrade-Siegel auf seine Produkte drucken, muss sie sich prüfen lassen. Es gibt strenge Regeln: Arbeitssicherheit, demokratische Mitsprache der Mitarbeiter, Umweltstandards. Bei Bigot schlängelte sich ein breiter, etwa sechs Meter tiefer Graben um das Gelände: Ein Auffangsystem für Regenwasser. So musste die Farm kaum Wasser aus dem See entnehmen. Es gab Schutzkleidung für alle Mitarbeiterinnen. Die Giftsprüher trugen dicke gelbe Schutzoveralls und Atemschutzmasken bei der Arbeit – was auf den anderen Farmen keineswegs selbstverständlich war. Wegen der gesundheitlichen Belastung arbeiteten die Sprüher auch nicht mehr als vier Stunden am Tag.

Im Gegenzug für die Einhaltung der Standards bekommen Fairtrade-Farmen Beratung, was die Vermarktung ihrer Produkte angeht – und einen festgelegten Mindestverkaufspreis, der die Schwankungen auf dem Weltmarkt ausgleichen soll. Der Preis, für den die Rosen später an die Kunden verkauft werden, ob im Weltladen oder im Supermarkt, ist dafür übrigens unerheblich. Den entscheidet allein der Einzelhändler.

Für Anna und ihre Kolleginnen war aber etwas anderes entscheidend, erklärte sie mir, während wir im Schatten unseren Ugalibrei aßen. Nämlich die sogenannte Fairtrade-Prämie. Sie steht allen Angestellten von zertifizierten Firmen zu. Zehn Prozent des Exportpreises sollen sie für Fortbildungen oder soziale Zwecke verwenden. Bei Bigot sind das jedes Jahr um die dreihunderttausend Euro; für kenianische Verhältnisse ein Vermögen. Wofür es eingesetzt wird, entscheiden die Angestellten demokratisch. Anna und ihre Kolleginnen haben eine Gesundheitsstation auf dem Farmgelände gebaut, in der alle Angestellten umsonst behandelt werden. Sie haben einer Grundschule in der Nähe Tische und Toiletten finanziert. Nach Feierabend kann Anna Computer- und Nähkurse belegen, und wer will, darf in einem Gemeinschaftsgarten auf dem Gelände eigenes Gemüse ziehen. Außerdem fließt die Prämie in Stipendien, die die Schulkosten für die Kinder der Pflückerinnen finanzieren.

»Meine zwei jüngsten kann ich nur dank der Prämie zur Schule schicken«, sagte Anna mir.

Aber was bedeutet das? Ist fairer Handel nun die Lösung für das Problem der Ungerechtigkeit? Oder wirklich nur Symptombekämpfung, eine Art Schmerzmittel für unser schlechtes Gewissen, das wir mit besagten neunundneunzig Cent an der Supermarktkasse lindern wollen?

> **DER EXPERTE VERGLEICHT FAIR TRADE MIT EINEM SCHRAUBENZIEHER; EIN KLEINES, EINFACHES WERKZEUG. DIE WELTWIRTSCHAFT DAGEGEN SEI WIE EIN MODERNES AUTO: »DAS IST IM GRUNDE EIN COMPUTER AUF VIER RÄDERN. DAS KÖNNEN SIE NICHT SELBST REPARIEREN. ABER OBWOHL DAS ALLES SEHR KOMPLEX IST, BRAUCHEN SIE TROTZDEM IMMER NOCH EINEN SCHRAUBENZIEHER.«**

Um da ein wenig mehr durchzublicken, rief ich Hans-Heinrich Bass an, einen Spezialisten für Entwicklungsökonomie von der Hochschule Bremen. Er erklärte mir, dass die Weltwirtschaft heute so komplex sei, mit so vielen Variablen, dass es »die eine Lösung für das Problem der globalen Armut« nicht geben könne. »Fair gehandelte« Blumen oder »fair gehandelte« Schokolade allein würden nur marginale Veränderungen bewirken. Vielmehr müsse man an Stellschrauben drehen, die Konsumentinnen und Konsumenten im Norden gar nicht beeinflussen könnten. Dazu gehörten die internationalen Finanzmärkte und ihr Einfluss auf Warenmärkte ebenso wie die jeweiligen nationalen Entwicklungsstrategien, die oft die Landwirtschaft und die Dörfer vernachlässigten. Das Hauptproblem von Entwicklungsländern sei die Unterindustrialisierung. Das bedeutet: Kleinbauern stellen in diesen Ländern zwar die Rohstoffe her (etwa Kakaobohnen), aber der größte Teil der Wertschöpfung, also die Weiterverarbeitung zu teureren Produkten (Kakaopulver, Schokolade), findet woanders statt. Meist im Norden. Auch wenn der faire Handel die Bauern stärke, sie vor Preisschwankungen auf dem Weltmarkt schütze und ihnen einen besseren Lohn zahle, löse das nicht diese grundlegende Problematik. »Der Kakao- oder Blumenpflückerin geht es zwar besser mit etwas mehr Geld – keine Frage –, aber dadurch entstehen noch keine zusätzlichen Arbeitsplätze in den Dörfern.« Viele junge Menschen, erklärte Professor Bass, sähen eine Perspektive nur in den großen Städten – oder in Europa. Um daran etwas zu ändern, bräuchte es mehr als eine Prämie für ein paar glückliche Angestellte. Nämlich zum Beispiel nachhaltige Nahrungsmittelproduktion, eine gerechtere Landverteilung oder Schulen mit praktischer Berufsausbildung. Außerdem bessere Straßen und Busverbindungen, damit Menschen zur Arbeit pendeln könnten. Und Betriebe auf dem Land, die Nahrungsmittel industriell verarbeiteten – um so Stück für Stück mehr von der Wertschöpfung im eigenen Land zu behalten.

In Taiwan, so Bass, sei das gelungen: Noch in den fünfziger Jahren hatte man von der Landwirtschaft gelebt. Dann hatten Bauern begonnen, Mandarinen nicht mehr nur zu exportieren, sondern auch in eigenen Fabriken zu schälen und in Dosen zu verpacken. So entstanden Jobs und Einkommen. Heute exportiert Taiwan Hightech-Produkte und Software.

Zugegeben: Die Blumen waren dafür kein besonders gutes Beispiel. Die Arbeiterinnen schnitten und verpackten sie direkt vor Ort. Ich verbrachte einen halben Tag in einer stickigen Halle damit, an einem Fließband gepflückte Rosen zu beschneiden, mit Gummibändern zu bunten Sechserpacks zu bündeln und ein Lidl-Etikett draufzukleben. Genau so landeten sie in Europa im Supermarkt. Die Wertschöpfungskette ist bei Lebensmitteln deutlich länger.

Zum Schluss des Gesprächs gab mir Hans-Heinrich Bass einen Vergleich mit, der sich in mein Gedächtnis einbrannte: Fair Trade sei wie ein Schraubenzieher; ein kleines, einfaches Werkzeug. Die Weltwirtschaft dagegen sei wie ein modernes Auto: »Das ist im Grunde ein Computer auf vier Rädern. Das können Sie nicht selbst reparieren. Da brauchen Sie spezielle Software und einen Techniker, der sie beherrscht. Aber obwohl das alles sehr komplex ist, brauchen Sie trotzdem immer noch einen Schraubenzieher.« Meine Eindrücke in Kenia lassen mich daraus folgenden Schluss ziehen: Der faire Handel ist ein kleines Tool, das wir alle anwenden können, indem wir ein paar Cent mehr im Supermarkt ausgeben. Es bringt sicherlich nicht das ganze Auto zum Umsteuern; aber bis das mal so weit ist, macht es immerhin Menschen wie Anna das Leben ein bisschen leichter.

An meinem letzten Abend lud Anna mich zu sich nach Hause ein. Sie lebte in einer Siedlung auf einer Anhöhe oberhalb des Sees. Auf dem ungeteerten Weg jagten Kinder in FC-Barcelona-Trikots einem älteren Jungen auf einem alten Fahrrad hinterher und übten strahlend ihr Schulenglisch an mir, »Hello, how are you? Welcome to Kenya, Mister!« Dahinter senkte sich die Sonne über dem Vulkan Mount Suswa.

Anna lebte mit den jüngsten beiden ihrer vier Kinder in einer Art Reihenhaus, einem würfelförmigen Bungalow aus unverputzten Betonsteinen, etwa so groß wie eine Garage. Die meisten Men-

schen in der Siedlung arbeiteten bei der Blumenfarm, die einen
Teil der Miete zahlte. Auf einem Gaskocher am Fenster brodelte
eine Suppe. Zwei alte Plastikwannen dienten als Spülbecken; der
zugehörige Wasserhahn ragte draußen auf der Straße aus einer
Mauer. Ein winziger alter Röhrenfernseher stand auf einem Sche-
mel. Zwischen dem Bett, auf dem die drei gemeinsam schliefen,
und dem Sofa hatte Anna ein aufwendig verziertes rosa Tuch über
eine Wäscheleine gehängt, um den Eindruck von zwei Zimmern zu
erzeugen. Anna winkte mich aufs Sofa. Ich saß nun gegenüber
ihrer Tochter und neben ihrem achtjährigen Sohn, dessen Schul-

uniform auf einer Kommode auf der anderen Seite des Tuches fein-
säuberlich zusammengelegt war. Dann servierte Anna Hühner-
suppe mit Mais. Es war, bei aller Enge, gemütlich.

Als die Pandemie über die Welt hereingebrochen war, erkun-
digte ich mich bei Anna, wie es ihr gehe. Sie hatte Glück, schrieb
sie mir per SMS: Sie hatte ihren Job behalten, auch dank mehrerer
finanzieller Hilfspakete, die Fairtrade für seine Bauern und deren
Angestellte geschnürt hatte. Aber die Farm musste auf Kurzarbeit
umstellen. Zwei Monate bekam Anna nur den halben Lohn. In
einem Sonderbericht von Fairtrade berichtete Charity, die Personalchefin, dass die Farm im Frühling 2020, während Muttertag
und Ostern, auf neunzig Prozent ihrer Rosen sitzen geblieben war.
Hunderttausenden in den Gewächshäusern am See drohte die Ent-
lassung. Die Personalchefin schrieb: »Blumen zu kaufen ist vielleicht ein Luxus. Aber *so* viele Existenzen in Kenia und Ostafrika
hängen daran! Kaufen Sie bitte weiter Blumen. Und kaufen Sie
sogar noch mehr, wenn es irgendwie geht.«

Mal wieder wurde mir klar, dass die Welt über unendlich viele
kleine Zahnräder miteinander verbunden ist. Auf kenianischen
Nachrichtenportalen las ich, dass die Zahl der Hippo-Angriffe am
See während der Pandemie stark zunahm. In einer einzigen Woche
im Mai attackierten und töteten Nilpferde drei Männer. Sie hatten
jeweils im brusthohen Wasser am Ufer gefischt, ohne Boote, mit
einfachen Netzen. Alle drei hatten kurz zuvor ihren Job auf einer
der Blumenfarmen verloren.

# DIE LETZTEN FISCHER VOM ARALSEE

Irgendwann zeigte mir der alte Kapitän sein Boot. Das klingt erst mal wenig überraschend. Aber für mich war es das in dem Moment sehr wohl. Denn der Kapitän lebte mitten in der Wüste. Er führte mich raus aus seiner Haustür, einmal links ums Eck und dann ein paar Schritte durch die Hitze auf eine Anhöhe. Da war es: Ein Ruderboot für zwei, wie man es zum Angeln benutzt. Es lag aufrecht auf der rechten Seite. Die Sonne, der Sand und der Wind hatten das ursprünglich blau lackierte Holz längst zu einem fleckigen Taxi-Beige geschmirgelt. Aber am erstaunlichsten war nicht das Aussehen des Bootes, sondern sein Standort: Es war in eine Mauer zementiert. Steine und Lehmbrocken rahmten es ringsherum ein.

Ich muss ungläubig geschaut haben, denn der Kapitän blickte mich unter seiner Schirmmütze hervor verständnislos an, als würden Ruderboote grundsätzlich so gelagert. Eingemauert wie Grabplatten in Kirchenwänden. »Ziegel sind teuer, Holz ist knapp«, sagte er mit einem Schulterzucken. »Es wachsen hier ja keine Bäume mehr.«

Die Mauer umrahmte einen kleinen Hof mit einem Bretterverschlag und ein paar Haufen Stroh. Ein beißender Geruch wehte von dem Verschlag herüber. Acht Kamele guckten uns an; der Kapitän hatte sie zur selben Zeit angeschafft, als er das Ruderboot aufgegeben hatte – Anfang der achtziger Jahre. Damals war das Meer endgültig verschwunden, und ohne Wasser war ein Kamel nützlicher als ein Boot. Seitdem lebte der Kapitän auf dem Friedhof seines alten Lebens.

Bakytzhan Kurakbayev war sechsundsiebzig Jahre alt und wohnte in einem Geisterdorf namens Akbasty im kasachischen Südwesten. Eine unbefestigte Straße, links und rechts ein paar windschiefe einstöckige Häuser, die meisten davon leer. Die etwa hundert verbliebenen Bewohner hatten ihre winzigen Fenster gegen die Sonne mit Spiegelfolie verklebt.

Früher lag Akbasty direkt am Wasser, auf einer Landzunge am Nordufer des Aralsees. Auf Russisch, Kasachisch und auch auf Englisch heißt der See *Aralmeer*, was es besser trifft, denn noch 1960 war er so groß wie Irland. Jetzt lag Akbasty auf einer Art Düne, fünf Meter erhöht, mit Blick auf eine endlos flache, in der Hitze flirrende Steppe, über der sich in der Ferne gelbe Staubwolken türmten.

Der Kapitän hatte als junger Mann oft Wochen auf seinen Fangschiffen verbracht, ohne an Land zu gehen. Während die Männer fischten, verarbeiteten die Frauen am Ufer den Fang. Die Gegend um den Aralsee war seit Jahrhunderten eine der reichsten Zentralasiens. Dann aber kam die Baumwolle. Und mit ihr die Katastrophe. Der See war ausgetrocknet, bis auf ein paar knietiefe Lagunen in der Wüste, auf denen Salzschollen trieben. Das Klima hatte sich verändert; es war jetzt im Winter deutlich kälter und im Sommer heißer. Das Grundwasser war verseucht, die Menschen arbeitslos; Krankheiten breiteten sich aus. Eine Kettenreaktion, die seit Jahrzehnten außer Kontrolle war.

Deshalb war ich hier. Die Folgen unseres Konsums waren vielleicht nirgends auf der Welt so direkt in ihrer brutalsten Konsequenz zu besichtigen. Klar, der Mensch hat überall Wälder gerodet, Flüsse begradigt und Böden vergiftet. Aber nirgendwo hat er aus Profitgier ein ganzes Meer in Wüste verwandelt.

Ich begleitete Bakytzhan, den alten Fischer, der jetzt also Kamelzüchter war, zurück in sein Haus. Erst langsam begriff ich, wie groß der Schock damals gewesen sein musste. Ich stellte mir einen alteingesessenen Milchbauern vor, der plötzlich sein Geld in einem Bergwerk verdienen muss. Was macht das mit einem Menschen? Während ich solchen Gedanken nachhing, trug ich ein schwarzes Baumwoll-T-Shirt und dunkle Jeans. Im Gepäck lagen fünf exakt gleiche Shirts. Außerdem hatte ich sechs weiße Boxershorts dabei, die ich seit Jahren im Internet bestelle, weil sie aus besonders dicker Baumwolle gewebt und dafür besonders günstig sind. Nichts davon war bio oder nachhaltig; darauf hatte ich nie geachtet. Nun wurde mir klar: Ich war Teil des Problems, weniger Teil der Lösung.

Auf der Reise in die Wüste war ich wieder mal nicht allein. Ich wurde begleitet von einer Redakteurin, einem Kameramann – und von Pjotr, einem sanft lächelnden älteren Herrn in beigen Hosen und grauem Kurzarmhemd, mit Seitenscheitel auf dem runden Kopf und ein paar geplatzten Äderchen um die Nase. Er war unser Fahrer und Übersetzer. Pjotr gehörte zur russischstämmigen Minderheit in Kasachstan. Während der Sowjetzeit hatten sich mit der sogenannten Neulandkampagne etwa zwei Millionen Russen hier angesiedelt, um in der Landwirtschaft zu arbeiten. Die meisten waren nach dem Fall des Eisernen Vorhangs zurückgegangen. Pjotrs Familie war geblieben.

Auf dem Parkplatz stand sein Auto; ein alter japanischer Kleinbus mit Offroad-Fahrwerk. Der Kofferraum war leer bis auf eine schmale längliche Tasche. Hatte Pjotr ein Gewehr dabei? Ich fragte nicht. Wir luden unser Gepäck ein: Schwere Reisetaschen mit Schlafsäcken, Handtüchern und Ersatzklamotten für mehrere Tage. Lissy, die Redakteurin, sprach fließend Russisch und hatte uns vorgewarnt: Wir würden irgendwo im Aralbecken übernachten. »Wo genau, schauen wir dann spontan.« Es gäbe dort kein Hotel, aber die Gastfreundschaft der Kasachen sei berühmt.

Kurz hinter der Großstadt Qysylorda begann die Steppe. Wir durchquerten sie auf einer modernen Autobahn, flankiert von Feldern. Demnächst gab es Wahlen: Am Straßenrand standen Plakate mit comicartig gezeichneten, muskulösen Bauern bei der Ernte. Die Gegend wurde nun rapide einsamer. Manchmal öffnete sich der Blick auf den Syrdarja, einen der beiden Zuflüsse, die den Aralsee gespeist hatten. Jetzt im Sommer war er kaum mehr als ein Bach. Irgendwo drängte sich am Straßenrand eine Herde wilder Pferde in den Schatten eines Bushäuschens. Dann steuerte Pjotr den Wagen ohne zu bremsen von der Autobahn nach links auf eine Schlaglochpiste. Auf der rumpelten wir noch mal drei Stunden geradeaus.

Pjotr konnte außer Russisch auch etwas Deutsch. In den Dörfern rund ums Aralbecken sprachen die Menschen aber Kasachisch, eine Turksprache. Wenn ich Fragen stellte, die Lissy oder Pjotr übersetzen sollten, brauchten wir also noch einen weiteren Dolmetscher, der von Russisch auf Kasachisch übersetzte. Deshalb fehlte unserem Team noch ein Mann.

In einem Dorf am ehemaligen Ufer des Sees blieben wir stehen. Die Hauptstraße war gesäumt von Eisenzäunen mit martialischen Stacheln. Vor dem größten Tor stoppte Pjotr den Wagen. Zwei gekreuzte Speere waren darauf verschraubt. Er murmelte etwas auf Russisch. »Hier lebt der Ortsvorsteher«, sagte Lissy. Er würde uns morgen ins Aralbecken begleiten. Zu den Fischern in der Wüste. Heute könnten wir bei ihm übernachten.

Margulan Zhijsembijew hatte eine breite Brust, einen kantigen Kopf mit kurzem dichten Haar und darunter ein Lächeln, in dem seitlich immer eine dünne Zigarette steckte. Sein Haus bestand aus drei Räumen, hatte niedrige Decken und war mit schweren Läufern ausgelegt. Auch an allen Wänden hingen Teppiche. Sie schluckten jedes Geräusch.

Die dicken Teppiche hatten einen Grund: Es gab im ganzen Haus keine Stühle. Traditionell hatten Kasachen jahrhundertelang in Jurten gelebt, als Nomaden. Erst die Sowjets hatten sie zur Sesshaftigkeit gezwungen. Also lebten sie auf dem Land oft noch so, als seien ihre Häuser in Wahrheit Zelte, die man samt aller Möbel bei Bedarf zusammenrollen und auf Pferden verstauen könnte.

Wir setzten uns im Schneidersitz an einen kniehohen Tisch. Margulans Frau brachte ein traditionelles Festessen: Beschbarmak, gekochtes Schafsfleisch mit Zwiebeln auf tellergroßen Nudeln, die man mit der Hand in Stücke riss und zum Mund führte. Dazu Süßgebäck und kaltes Bier. Das Tischgespräch war etwas kompliziert, weil nur Lissy, Pjotr und Margulan Russisch sprachen. Aber wir verstanden auch so genug.

> **DIE HERSTELLUNG EINES EINZIGEN T-SHIRTS VERBRAUCHT, WIE DER WWF BERECHNET HAT, ETWA ZWEITAUSEND-SIEBENHUNDERT LITER WASSER.**

Margulan erzählte vom Damm, den man hier in der Nähe er-richtet hatte. Schon seit langem hatte es Versuche gegeben, einen Teil des Sees aufzustauen. Die Deiche aus Sand waren aber immer gebrochen. Vor fünfzehn Jahren schließlich hatte man eine Stau-mauer errichtet, mit Hilfe eines Kredits der Weltbank. Der Damm schnürt einen winzigen verbliebenen Rest des ehemaligen Sees ab. Damit füllte sich zumindest dieser Teil wieder langsam auf. Ein riesiger Erfolg, freute sich Margulan. In ein paar Tagen würde er uns den neuen See zeigen. Mit dieser Perspektive gingen wir schla-fen – auf dem Teppich im Esszimmer.

Den Moment, als wir in das alte Seebecken fuhren, bekam ich gar nicht mit. Es war am nächsten Morgen. Margulan holperte mit einem sowjetischen Transporter voran; Pjotr mit uns und dem Gepäck hinterher. Irgendwann blieb Margulan stehen und machte uns auf ein großes Schild aufmerksam, das mitten in der Steppe stand, umrahmt von einem seltsam ordentlichen, weiß lackierten Eisenzaun. Es zeigte eine Landkarte mit den ehemaligen Umrissen des *Aral teñizi*, wie der See auf Kasachisch hieß. Das bedeutete: Ab sofort rollten unsere Autos über Meeres- beziehungsweise Seegrund. Ich hatte Sand erwartet, Muscheln, vielleicht hin und wieder ein Korallenriff. Aber mit ungeübtem Auge war kein Unterschied zum Land zu erkennen. Das ehemalige Ufer und der ehemalige Grund des Sees waren durch Wind und Sonne längst miteinander verschmolzen.

**AUF HYDROLOGISCHEN KARTEN SIEHT DAS KANALNETZ IN KASACHSTAN UND USBEKISTAN AUS, ALS WÜRDE, AUSGEHEND VON SYRDARJA UND AMUDARJA, EIN SCHWARZER SCHIMMELPILZ ÜBER DAS LAND WUCHERN.**

Der Aralsee war nicht sonderlich tief gewesen. Um die fünfzig Meter an der tiefsten Stelle. Er hatte tausend Kubikkilometer Volumen, zwanzigmal mehr als der Bodensee. Das Wasser war leicht salzig gewesen. Hin und wieder trat aus dem flachen ehemaligen Meeresgrund eine Sandbank hervor; an einigen tiefer gelegenen Stellen hatten sich grell weiße Salzfelder abgelagert. Außer dornigen Sträuchern und Flechten wuchs kaum etwas. Gelegentlich sah man einen Vogel am Himmel oder ein einsames Kamel in der Ferne. Ich rechnete jeden Moment damit, dass eine Bikergang aus *Mad Max* hinter der nächsten Anhöhe hervorgeknattert käme.

Pjotr, unser Fahrer, hatte bisher wenig gesagt. Am Abend vorher hatte er irgendwann eine Flasche Wodka auf den Tisch gestellt –

sein für Margulan mitgebrachtes Geschenk, von dem er allerdings einen guten Teil selbst trank. Jetzt führte die Staubpiste an einer steilen Böschung entlang, die gut zehn Meter abfiel. Pjotr fuhr plötzlich langsamer, blieb fast stehen. Er murmelte etwas. Dann gab er wieder Gas. »Mein Sohn«, sagte er. »Er ist bei einem Autounfall gestorben, vor zwei Jahren. Genau hier.« Mit einem Finger wischte er sich unter der Sonnenbrille die Augen. Was für eine grausame Ironie, dachte ich. Die Gegend ist eine der giftigsten der Welt, besonders für Kinder. Die durchschnittliche Menge an Pestiziden in der Muttermilch, die Verbreitung von Blutarmut unter Säuglingen und die Kindersterblichkeit gehören zu den höchsten überhaupt. Und dann kommt der eigene Sohn bei einem Verkehrsunfall ums Leben.

Nach zwei Stunden hatten wir den See durchquert; es war eine der schmalsten Stellen. Wir schlängelten uns die ehemalige Uferböschung hinauf und sahen das Dorf vor uns. Zwei Boote flankierten den Ortseingang, ein Mahnmal an längst vergangene Zeiten: Akbasty. Margulan parkte vor einem Haus, das wie alle hier in der Gegend ebenerdig und fast fensterlos war. Hier wohnte der alte Kapitän.

Das Unglück hatte mit der Planwirtschaft begonnen. Auf dem Höhepunkt des Kalten Krieges wollte die Sowjetunion unabhängig von Baumwollimporten werden. Im zentralasiatischen Gebiet des heutigen Kasachstan und Usbekistan fand man scheinbar ideale Bedingungen für das sogenannte weiße Gold; nämlich mildes Klima, flaches Land und zwei Flüsse, die Süßwasser aus dem Gebirge lieferten: Den erwähnten Syrdarja und seinen Zwillingsfluss, den Amudarja. Sie hatten den Aralsee gespeist.

Um die Baumwollpflanze im großen Stil anzubauen, setzten die Planer auf industriellen Ackerbau. Nur ist Baumwolle eine der wasserintensivsten Nutzpflanzen überhaupt. Die Herstellung eines einzigen T-Shirts verbraucht, wie der WWF berechnet hat, etwa zweitausendsiebenhundert Liter. Die sowjetischen Technokraten gruben deshalb Kanäle, um das trockene Gebiet zu bewässern. Zehntausende Gräben in verschiedenen Größen zapften die beiden Flüsse an. Auf hydrologischen Karten sieht das Kanalnetz in Kasachstan und Usbekistan aus, als würde, ausgehend von Syrdarja und Amudarja, ein schwarzer Schimmelpilz über das Land wuchern.

Der Plan ging zunächst auf: Die Gegend entwickelte sich rasend schnell zu einem der größten Anbaugebiete überhaupt. Die Sowjetunion war unabhängig vom Westen. Bis heute ist Usbekistan einer der größten Baumwollexporteure der Welt. Andererseits wurde schon bald klar, dass man die Grenzen der Natur sprengte: Die Uferlinie zog sich zurück. Die Kolchosen entnahmen den Flüssen viel mehr Wasser, als der Aralsee gebraucht hätte, um seine Verdunstung auszugleichen. Es war, als würde aus tausend Strohhalmen aus einem Glas getrunken. Das Wasser wurde salziger, Fischarten starben aus. Aber die politische Führung nahm es in Kauf. Anstatt gegenzusteuern, entschied sie in einem grotesken Beispiel planwirtschaftlichen Irrsinns, frisch gefangenen Meeresfisch vom Kaspischen Meer per Zug an den Aralsee zu bringen, sechshundert Kilometer weit. Hauptsache, den Konservenfabriken ginge nicht die Arbeit aus. Und die Baumwolle wüchse weiter.

Der alte Kapitän war inzwischen der Dorfälteste; ein gütig lächelnder Mann, dem man die körperliche Kraft immer noch ansah. Nun hockte er an seinem Esstisch und trank mit uns Schubat, ein säuerliches Getränk aus Kamelmilch. Neben ihm auf dem Teppich saßen seine erwachsene Tochter und deren zwei Kinder. Der Kapitän war damals zuerst als Schiffsjunge unterwegs. Später leitete er ein Fangschiff, das immer andere Routen wählen musste, weil überall Sandbänke entstanden, auf denen der Kutter hängengeblieben wäre. Der Bewegungsraum wurde immer kleiner.

»Was ist mit dem Schiff passiert?«, fragte ich. »Also mit dem Kutter, nicht dem Ruderboot im Kamelstall.« Lissy übersetzte auf Russisch, Margulan ins Kasachische. Der Kapitän nickte und dachte kurz nach. Dann sprach er ein paar langsame Worte, lauter als vorher, und legte feierlich seine riesige Hand auf meine. Ein paar Sekunden später bekam ich die Übersetzung. »Er will dich morgen hinführen.«

> **IN KASACHSTAN UND USBEKISTAN ZEIGTE SICH, DASS MAN DIE NATUR NICHT STEUERN UND SKALIEREN KONNTE WIE DIE PRODUKTIONSSTRASSE EINES STAHLWERKS.**

Dann lernten wir noch den Schwager des Kapitäns kennen, der schräg gegenüber wohnte. Auf seinem Teppich verbrachten wir die nächsten Nächte. In seinem Hinterhof lebten ein paar Ziegen in einem Verschlag und ein freilaufendes Kamel.

Am nächsten Morgen sah ich zum ersten Mal Wasser. Der Schwager des Kapitäns führte mich in Flip-Flops aus dem Dorf hinaus und einen Abhang hinunter. Dort stand ein fensterloser Bunker aus Beton. Eine große Pfütze verdunstete davor in der Morgenhitze. »Das«, sagte er, »ist das Badehaus.« Das Gebäude hatte zwei Eingänge, einen für Männer, einen für Frauen. Drinnen verlief in fast kompletter Dunkelheit ein rostiges Rohr unter der Decke, in das man dicke Löcher gebohrt hatte. Daraus prasselte ununterbrochen eine heiße Brühe auf den moosigen Beton. Sie war hellrot und schmeckte so salzig wie Nudelsuppe. Das war das Grundwasser.

Die Bewässerung der Baumwollfelder hatte nur kurzzeitig steigende Erträge gebracht. Tatsächlich hatte die Anbaumethode eine negative Spirale in Gang gesetzt. Das viele Wasser versalzte langsam die Böden, die Pflanzen wurden schwächer. Die Bauern reagierten, indem sie mehr Pestizide versprühten. Das Gift schwemmte ins Grundwasser und in den sterbenden See.

Die Welt erfuhr von der Katastrophe erst, als es längst zu spät war. Als Anfang der neunziger Jahre die Sowjetunion zusammenbrach und internationale Wissenschaftler frei in die ehemaligen Republiken reisen konnten, war der See längst tot: Er hatte drei Viertel seines Volumens verloren. Im Hafen von Aralsk, der einstigen Hauptstadt der Fischindustrie, rosteten Schiffsgerippe im Schlamm vor sich hin. Das Ufer des Sees, von dem nicht mehr übrig war als eine versalzene Lagune, hatte sich hundert Kilometer zurückgezogen.

Das ausgetrocknete Meer ging als Schockbild um die Welt. Aber die Folgen sind bis heute kaum bekannt. Denn hochgiftige Pestizide wie das in Europa längst verbotene DDT hatten sich im Boden festgebacken. Die immer häufigeren Stürme trugen den giftigen Staub viele hundert Kilometer weit durchs Land, wo er nach der ökologischen eine gesundheitliche Katastrophe auslöste. Neben der bereits erwähnten Blutarmut unter Säuglingen haben sich auch Typhus und Kehlkopfkrebs vervielfacht. Die Kindersterblichkeit ist mit fünfundsechzig von tausend eine der höchsten der Welt. Seit kurzem verbreitet sich sogar wieder Malaria.

In Kasachstan und Usbekistan zeigte sich, dass man die Natur nicht steuern und skalieren konnte wie die Produktionsstraße eines Stahlwerks. Hier ein neuer Abfluss, dort etwas Gift – das hatte in einem unendlich komplexen Gefüge wie einem Ökosystem unüberschaubare Folgen. Unterm Strich standen dann eben nicht nur ein paar Hunderttausend Tonnen Baumwollstoff mehr, die man verkaufen konnte, sondern auch Hunderttausende Tote, Kranke, Vertriebene und unermessliches Unglück.

Sogar das zentralasiatische Klima veränderte der Mensch tiefgreifend. Weil aus dem verschwundenen See kein Wasser mehr verdunstete, regnete es weniger. Große Gewässer haben eine Pufferfunktion für das Klima, und diese wurde im Aralbecken zerstört. Seither ist die Höchsttemperatur um acht Grad gestiegen, die Tiefsttemperatur um acht Grad gefallen. Klimaforscher gehen davon aus, dass sich Dürren in der Zukunft noch drastisch verschärfen. Und in den ausgetrockneten Schilfgebieten der Flussdeltas pflanzen sich immer mehr Heuschrecken fort, die andernorts die Ernten wegfressen.

Früh am Morgen stieg der Kapitän in den grauen Geländebus von Margulan. Er trug ein gebügeltes Hemd, als hätte er sich für ein Familienfest schick gemacht. Ein kleiner Junge sprang neben ihn auf den Rücksitz – sein fünfjähriger Enkel. Auch er sollte sehen, was der Großvater den Besuchern zeigen wollte. Das Dorf verschwand im Rückspiegel langsam in einer Staubwolke.

Drei Stunden später stiegen wir aus dem Wagen, leicht seekrank, obwohl wir keinen Tropfen Wasser gesehen hatten. Auf dem Boden brachen meine Schuhe durch eine Salzkruste in den Sand. Es war genau die Stelle, an der der Kutter vor dreißig Jahren zum letzten Mal auf Grund gelaufen war. »Wir haben die Netze eingepackt und sind mit den Beibooten zum Ufer gerudert«, sagte der Kapitän. »Das war das letzte Mal, dass ich hier war.« Das Schiff steckte immer noch aufrecht im rissigen Erdboden, wie ein rostiges Dinosaurierskelett. Eine Flanke hatten Diebe vor langer Zeit weggeschnitten und das Metall vermutlich in Aralsk verkauft.

Der Kapitän und ich gingen um das Schiff herum; er atmete tief durch und stemmte die Arme in die Seiten. Irgendwann guckte er zu seinem Enkel. Aber der hockte mit dem Rücken zu uns auf dem Boden und schaute einer Eidechse nach, die unter das Gerippe flitzte. Nach ein paar Momenten verstand ich. Der Enkel wusste gar nicht, was da vor ihm stand. »Er hat noch nie ein Schiff im Wasser gesehen«, sagte der Kapitän und lachte.

Die Baumwollfelder, deretwegen der Aralsee heute eine Wüste ist, hatte wiederum der Kapitän nie mit eigenen Augen gesehen. Während sie nämlich größtenteils im Osten lagen, hatte er sein Leben am Westufer verbracht. Natürlich wusste er, was der Auslöser für den katastrophalen Zustand seiner Heimat war. Aber er schien seinen Frieden damit gemacht zu haben. Die Wut auf die Landwirtschaft, die Sowjets, die zerstörerische Gier des Menschen, nach der ich ihn immer wieder befragte, beschränkte sich auf ein paar diplomatische Kommentare, die er stoisch wiederholte: »Es macht mich traurig, hier zu stehen und kein Wasser zu sehen.«

Vielleicht war es aber auch die Hoffnung auf die Zukunft. Die Regierung hatte vor ein paar Jahren begonnen, die Dörfer am ehemaligen Ufer zu fördern. In Akbasty hatte man eine neue Schule gebaut. Wir besichtigten sie am nächsten Tag. Ein zweistöckiges Gebäude, knallrot gestrichen. Vier Jungs in Schuluniform standen vor dem Eingang, sie hatten Pause. Ich fragte sie, was sie später mal machen wollten: »Fischen!« –»Ein eigenes Boot haben!« –»Ein Haus mit Meerblick!« Im Unterricht, sagten sie, lernten sie schon die vierundzwanzig verschiedenen Fischarten, die hier früher mal lebten und bestimmt bald wiederkämen. Ihre Hoffnung – und die der kasachischen Regierung – ruhte auf einem Bauwerk, das Margulan uns am nächsten Tag zeigen wollte: dem Damm.

Am Abend schmiss der Schwager des Kapitäns uns zu Ehren erst mal ein Abendessen. Seine Brüder hatten im Hinterhof seines Hauses ein paar dicke Teppiche ausgerollt und für Pjotr und mich im Dorfladen den gesamten Vorrat Bier aufgekauft – drei Flaschen. Die Frau des Schwagers hatte extra einen Hammel geschlachtet, dessen gebratenes Fleisch nun auf einer großen runden Silberplatte in der Mitte des Teppichs lag, von der sich alle ringsum bedienten. Irgendwann servierte unser Gastgeber feierlich den gekochten Hammelkopf. Mit zwei Fingern drehte er das eine Auge aus dem Schädel und führte es sich genüsslich zum Mund. Das andere bot er unserem Fahrer an – dem ältesten männlichen Gast. Als der unter großem Gejohle abwinkte, griff Margulan zu. Irgendwann brachte Pjotr eine Flasche Wodka aus dem Auto …

Die Nacht war windstill. Ich rollte meinen Schlafsack auf dem Teppich im Hinterhof aus, trotz des Kamels, das dort neben dem Toilettenhäuschen schlief. Das verschwundene Meer, dachte ich, während ich angenehm beschwipst dalag und in den Himmel blickte, hatte immerhin eine positive Seite: Es gab kaum noch Wolken. Und weil die Städte ausgestorben waren, kaum noch Lichtverschmutzung. Natürlich war das eine Milchmädchenrechnung, aber einen so klaren Sternenhimmel wie über dem toten Aralsee habe ich nie wieder gesehen.

Tags darauf kamen wir ins Paradies. Es kündigte sich schon aus der Ferne an, mit ein paar kleinen, flockigen Wolken über dem Horizont. Eine halbe Stunde später sahen wir es. Erst eine graue Staumauer, dann daneben ein blaues Schimmern durchs Schilf. Und wir hörten es: Ein meterdicker Strahl Wasser sprudelte donnernd aus einer Schleuse unten am Damm. Nach drei Tagen in der Steppe waren wir wieder an einem Gewässer. Es war ein seltsam erhebendes, erleichterndes Gefühl. Als spürte der Körper unterbewusst, dass er hier wieder auf Dauer überleben könnte.

Der Kokaral-Damm bindet den nördlichen Rest des Sees an seiner schmalsten Stelle ab, die immer noch dreizehn Kilometer breit ist. Durch die Staumauer fließt nur noch wenig Wasser in den größeren, flacheren Teil auf der usbekischen Seite. Der Damm soll den kasachischen Teil des Aralsees wenigstens teilweise wieder zurückbringen.

Ein paar hundert Meter von der Staumauer entfernt stapfte kurz darauf Margulan barfuß und mit hochgekrempelten Hosenbeinen durchs knietiefe Wasser. Er hatte sich seine Schiebermütze in die Stirn gezogen und hielt eine Messlatte an den Metallpflock, der vor ihm im Schlick steckte. Solche Pflöcke hatte er im Abstand von fünf Metern in den Boden schlagen lassen, denn er hatte von der regionalen Wasserbehörde den Auftrag, den Pegel und Salzgehalt zu überwachen. Seit Fertigstellung des Dammes überprüfte er wöchentlich, welcher Pflock wie tief im Wasser stand. »Zehn Zentimeter mehr. Sehr, sehr gut.« Der Damm rettete zwar nur einen kleinen Teil des ursprünglichen Sees. Aber das Wasser kehrte schneller zurück als erwartet. Seit es den Damm gab, war das Wasser im nördlichen See um vier Meter gestiegen.

Dem Bau war ein jahrelanger Streit zwischen Kasachstan und dem lange Zeit diktatorisch geführten Usbekistan über Durchflussmengen, Bewässerungsgrenzen und eine Reform der Landwirtschaft vorausgegangen. Ohne, dass die usbekische Politik die Folgen ihres Handelns eingesehen hätte. Auch heute noch, dreißig Jahre nach dem Ende der Sowjetunion, setzt das Land auf den Baumwollanbau. Es leitet das Wasser aus dem Amudarja in dieselben alten Kanäle, aus denen die Hälfte des Wassers verdunstet ist, bevor es überhaupt die Felder erreicht. Erst langsam beginnt der südliche Nachbar Kasachstans, sich den Appellen für mehr Nachhaltigkeit zu öffnen. Die Menge an ökologisch arbeitenden Betrieben wächst, die Arbeitsbedingungen für die Erntehelferinnen und -helfer verbessern sich allmählich.

Die Kasachen planten inzwischen, die Staumauer weiter zu erhöhen und zu erweitern. Schon jetzt war die Uferlinie an manchen Stellen fünfzehn Kilometer landeinwärts gewandert. »Von mir zu Hause sieht man in der Ferne an klaren Tagen schon wieder das Wasser«, sagte Margulan.

Ein paar hundert Meter vom Damm entfernt vertäuten drei junge Männer ihre Ruderboote am Ufer. Sie rollten Fischernetze zu Ballen und trugen sie die Böschung rauf zu ihren Zelten. Sie kämen aus Qysylorda, sagte einer von ihnen; er hatte gerade die ersten Bartstoppeln im Gesicht. Als Kinder seien sie von hier weggezogen, nachdem ihre Eltern am Aralsee keine Zukunft mehr sahen.

Nun aber hätten sie gehört, dass man im nördlichen Teil wieder fischen konnte. »Also sind wir mal hergekommen. Erst mal nur für eine Woche.« Eine Rückkehr auf Probe.

Die Fischbestände erholten sich tatsächlich. Die Menge an Fisch, die man aus dem nördlichen Teil zog, hatte sich laut der Fischinspektion von Aralsk in zehn Jahren mehr als verfünffacht. Und weil das Wasser allmählich wieder süßer wurde, landeten jetzt nicht mehr nur salzresistente Flundern in den Netzen, sondern Brassen, Welse und sogar Zander, für die es auf dem Markt viel bessere Preise gab.

Ich dachte an den alten Kapitän, von dem wir uns am Vorabend mit doppeltem Händedruck und Verbeugungen verabschiedet hatten. Er hatte barfuß im Wohnzimmer gestanden, Tränen in den Augen, während sich der Enkel an sein Bein gedrückt hatte. Wie würde der Alte wohl gucken, wenn er die Jungs mit den Netzen sehen könnte?

Wir setzten uns an einen von drei nagelneuen Picknicktischen, die man mit Blick auf den Damm gebaut hatte, offenbar für künftige Touristen. Wir packten das Süßgebäck aus, das man uns in Akbasty mitgegeben hatte. Nur unser Fahrer fehlte. Pjotr war verschwunden, kurz nachdem wir am Staudamm angekommen waren. Wir scannten mit den Augen das Ufer ab. Dann sahen wir ihn. Er stand etwas abseits unter einem Baum und blickte gedankenverloren übers Wasser. Neben ihm auf dem Boden lag die seltsame längliche Tasche, die ich Tage vorher im Kofferraum gesehen hatte. Er angelte.

# GURKEN AUS DEM PLASTIKMEER

Es war morgens um halb neun und wir hatten noch keine einzige Gurke gerettet. Aber Jorge brauchte jetzt ein Bier. Wir stoppten also an einer Tankstelle, die leuchtend rot in der knochentrockenen Landschaft stand. Jorge sprang aus dem Lastwagen und kletterte eine Minute später wieder rein; im Arm drei Halbliter-Dosen Mahou. »Damit ich nicht dehydriere«, rief er und riss grinsend die erste Dose auf.

Mit Bewässerung kannte Jorge sich aus. Auf der Ladefläche hinter uns war ein whirlpoolgroßer Tank verschraubt. Zweitausend Liter Fassungsvermögen. Er war allerdings noch leer.

Jorge ließ den Motor an und steuerte den Wagen zurück auf die Landstraße. »Du weißt, was zu tun ist, wenn wir auf dem Dach stehen.« Er nahm einen tiefen Schluck Bier. »Immer schön gleichmäßig sprühen. Auf jeden Schritt achten. Und bloß nicht aufs Plastik treten!« Er unterdrückte einen Rülpser. »Das ist das wichtigste. Sonst brichst du ein. Aber im Notfall«, er deutete mit der Dose auf ein blassgrünes Erste-Hilfe-Paket, das zwischen den Sitzen klemmte, »gibt es immer noch das hier.« Er lachte krächzend. Dann drückte er einen Knopf und aus dem Autoradio knatterte ein Gitarrenriff; spanischer Crossover. Wenn Jorge gerade kein Gemüse oder sich selbst vor der Dehydrierung rettete, spielte er Schlagzeug in einer Band.

Er war ein kleiner, nervöser Mann mit rotem Gesicht und Wangenknochen, die so weit hervorsprangen, dass sich darunter dreieckige Schatten bildeten. Man konnte ihn drahtig nennen. Er war Mitte dreißig, hätte aber auch fünfzig sein können.

Sein kleiner Lastwagen wirkte dafür so, als wäre er tiefgefroren: Eine zentimeterdicke weiße Kruste überzog ihn von der Motorhaube bis zur Anhängerkupplung. Nur die Scheiben und die Reifen waren *nicht* weiß. Das Zeug war ein spezieller Kalk, hatte er mir erklärt, den wir für die Arbeit brauchen würden. Genau wie den großen Tank und den zweihundert Meter langen Schlauch, der auf eine Spule am Heck gerollt war.

In diesem Truck ratterten wir jetzt rein ins Plastikmeer. Links und rechts sah ich nur noch weiße und graue Planen. »Mar de plástico« nennen sie die Gegend um Almería. So viel Kunststoff bedeckt hier die Landschaft. Es sind Gewächshäuser, eines am anderen, mit sandigen Pfaden dazwischen, ein endloses weiß-graues Mosaik, das fünfzehn Gemeinden und Städte umschließt und die ganze Ebene bis zum Horizont füllt, wo der Blick endlich im flirrenden Dunst an der Sierra Nevada hängenbleibt. Der Name ist übrigens kaum übertrieben. Das Plastikmeer ist fast so groß wie das Tote Meer.

Aber dieses Meer hatte nichts Erfrischendes oder Erhebendes oder auch nur Lebendiges. Es bewegte sich nicht mal. Die Folien, die mit Draht über Eisengestänge gespannt waren, knatterten nur ein bisschen im Südwind, der vom echten Meer, dem Mittelmeer, herüberblies. Es war eher eine *Plastikwüste*, ein toter, dystopischer Ort wie aus einem Blade-Runner-Film.

Vierhundert Quadratkilometer. So groß ist die Fläche. Das ist etwa viermal Paris. Es ist angeblich die einzige menschliche Konstruktion, die man vom Weltall aus ganz klar sehen kann. Das hat jedenfalls der spanische Astronaut Pedro Duque mal gesagt, und der ist inzwischen Wissenschaftsminister.

Jorge quetschte die erste leere Dose zusammen und ließ sie in den Fußraum fallen. Draußen trieb die Sonne das Thermometer immer höher, zweiunddreißig Grad waren es jetzt. »Der Sommer hier ist gnadenlos«, rief er über die hämmernden Gitarrenriffs. »Kein Tropfen Regen seit vier Monaten!«

Losgefahren waren wir in El Ejido, einer kleinen verschlafenen Stadt, die wie eine Insel im Plastik liegt. Hier lebte Jorge, hier war er aufgewachsen, als Sohn eines Gemüsebauern. Schon als Kind, erzählte er, kletterte er lieber oben auf den wackeligen Zeltkonstruktionen herum, als drinnen mit seinen Eltern die Paprikasträucher an Stangen zu binden. »Viel zu stickig da drinnen! Ich war immer lieber an der frischen Luft.«

> **DIE GRÖSSTE GEWÄCHSHAUSFLÄCHE DER ERDE STEHT TATSÄCHLICH MITTEN IN EINER WÜSTE. SUBVENTIONIERT VON DER EU, AM LAUFEN GEHALTEN VON ILLEGALEN ARBEITERN. TAUSENDE VON IHNEN HAUSEN IN DEN SKELETTEN AUF- GEGEBENER GEWÄCHSHÄUSER, OHNE PAPIERE, OHNE ARBEITSSCHUTZ, OHNE FLIESSEND WASSER.**

Der Süden Andalusiens hat die meisten Sonnenstunden Europas. Dreitausend im Jahr. Doppelt so viele wie Berlin. Deshalb ist die Gegend das Zentrum des europäischen Obst- und Gemüseanbaus. Deutschland ist mit Abstand der größte Abnehmer; nur etwa ein Fünftel des deutschen Bedarfs stammt aus eigenem Anbau. Die Plastikwüste steht hier also auch für mitteleuropäische Bequemlichkeit. Die vielen Probleme der spanischen Anbaugebiete haben auch damit zu tun, dass woanders auch im Winter selbstverständlich rote Tomaten verspeist werden.

Diese Probleme haben vor allem damit zu tun, dass die Gegend die trockenste in Europa ist. Die größte Gewächshausfläche der Erde steht tatsächlich mitten in einer Wüste. Subventioniert von der EU, am Laufen gehalten von illegalen Arbeitern. Tausende von ihnen hausen in den Skeletten aufgegebener Gewächshäuser, ohne Papiere, ohne Arbeitsschutz, ohne fließend Wasser. Es sind Slums, mitten in Europa, versteckt unter Plastik.

> **DER WASSERVERBRAUCH EINES DEUTSCHEN IST GIGANTISCH: KNAPP VIERTAUSEND LITER AM TAG. AUCH WENN ES HIERZULANDE KAUM SICHTBAR IST: WIR IMPORTIEREN MASSENHAFT WASSER AUS REGIONEN, IN DENEN ES EXTREM RAR IST.**

Jorge hatte einen Beruf, den es so nur hier gab. Die Berufsbezeichnung konnte man alle paar Ecken lesen, weil sie jemand mit Farbe auf ein Gewächshaus gesprüht hatte: »*BLANQUEADOR*«, gefolgt von einem spanischen Vornamen und einer Handynummer. Mehr Werbung mussten Männer wie Jorge nicht machen. »Es gibt immer mehr als genug zu tun«, sagte er. Blanqueador bedeutet übersetzt Bleicher. Und es ist, so viel vorab, ein Job, der den Wahnsinn noch mal auf die Spitze treibt.

Ein Bleicher braucht einen Lastwagen mit Wassertank und einen sehr langen Schlauch. Außerdem ein paar Säcke mit dem weißen Pulver, das außen am Wagen klebte. Er sollte außerdem schwindelfrei sein und möglichst wenig wiegen. Er muss nämlich auf der Folie entlangrennen und dabei Wasser verspritzen. Dazu gleich mehr.

Außerhalb des Plastikmeers wuchs kaum ein Baum, kein Gras, der Boden war vernarbt und aufgesprungen. Nicht mal Sand hielt sich hier im Wind. Das war nicht immer so. Almería war im Mittelalter unter arabischer Herrschaft die reichste europäische Gegend – wenn man Konstantinopel nicht dazurechnet – und angeblich durch die künstlichen Bewässerungsanlagen sogar grün. Dann holten sich die katholischen Könige mit der sogenannten Reconquista die Iberische Halbinsel zurück. Sie vertrieben die Mauren. In Spanien ist man darauf bis heute stolz. Aber für Almería war es ein Rückschritt. Die Gegend wurde zum Ödland; Andalusien für Jahrhunderte zu einem der Armenhäuser Europas.

Anfang der sechziger Jahre machte ein Bauer namens Francisco Fuentes einen Pilotversuch (weshalb er in die andalusische Geschichte als »Paco el piloto« einging). Er verteilte auf fünf gleich großen Feldern je eine Schicht fruchtbarer Erde aus den Bergen und pflanzte darin Tomaten, Paprika, Gurken und Bohnen. Eines der Felder schützte er mit Segeln vor dem Wind. Die anderen überdachte er mit verschiedenen Konstruktionen. Das Ergebnis: Zwei Schichten dünner Polyethylen-Folie über den Pflanzen brachten gut doppelt so viel Ertrag wie der Freiluftanbau. Es war der Beginn des »Wunders von Almería«.

Heute gibt es jede Menge Jobs in der ehemaligen Ödnis. Nirgends in Spanien leben mehr Menschen als hier. Nicht nur die Landwirtschaft boomt. Zwischen Málaga und Almería zieht sich ein leuchtend grüner Streifen an der Küste entlang, mit Golfplätzen und Hotelgärten, in denen deutsche und britische Rentner mittelmäßige Pizza essen. Als ich am Abend meiner Ankunft einen Schluck Leitungswasser im Hotel trank, musste ich sofort würgen – es schmeckte ungefähr so salzig wie eine Nasenspülung. Der Grundwasserspiegel war seit Jahren so niedrig, dass allmählich das Mittelmeer einsickerte.

Die Lösung des Problems, auf die man hier seit Anfang des Jahrtausends setzt, ist eine Meerwasser-Entsalzungsanlage. Es ist die größte ihrer Art in Europa. Sie frisst nur leider ein Drittel des Stroms der gesamten Region; größtenteils natürlich nicht ökologisch erzeugt. Es wird also massenweise fossiles Erdgas verbrannt, um Meerwasser zu entsalzen, um damit in einer Wüste Gemüse zu gießen, das dann auf Lastwagen geladen und dreitausend Kilometer nach Deutschland gekarrt wird. Man muss kein Umweltexperte sein, um zu merken: Die Sache ist ein einziger Wahnsinn.

Jorge riss das Lenkrad nach rechts und lenkte den Wagen in eine schmale Gasse zwischen zwei Gewächshäusern. Ich hatte in der Gleichförmigkeit jeden Überblick verloren. Wir stoppten neben einem Betonbecken voll Wasser, groß wie ein kleiner Swimmingpool. Daneben warteten zwei Helfer, die für Jorge arbeite-

ten – sie waren von oben bis unten weiß bespritzt. Er sprang raus, zog einen kurzen Schlauch aus einem Fach am Heck und hängte das Endstück, das aussah wie ein Salzstreuer, ins Becken. Das war der Ansaugstutzen. Dann ließ er eine Pumpe an. Sie zog gurgelnd und spratzend das Wasser aus dem Becken in seinen Tank.

Es war Anfang August; die heißeste Zeit des Jahres. Das Gemüse, das bei uns im Winter bei Edeka oder Lidl liegen würde, musste jetzt gepflanzt werden. Die Sache war nun die: Die jungen Pflanzen brauchen zwar Wärme und UV-Strahlung – aber auch nicht ganz so viel, wie die andalusische Augustsonne hergibt. Ein Bleicher war also dafür da, die Sonne etwas zu dämpfen – indem er Kalk auf das gesamte Dach sprühte. Aufgelöst in Süßwasser.

Der Wasserverbrauch eines Deutschen ist gigantisch: knapp viertausend Liter am Tag (in den meisten mitteleuropäischen Ländern ist es sogar noch mehr). Das liegt nicht daran, dass wir zu lange duschen oder beim Zähneputzen das Wasser laufen lassen. Sondern an dem, was wir indirekt verbrauchen, weil es für unseren Lebensstil nötig scheint, zum Beispiel für das Waschen von Kaffee in Brasilien oder die Bewässerung von Baumwolle in Indien. Auch wenn es hierzulande kaum sichtbar ist: Wir importieren massenhaft Wasser aus Regionen, in denen es extrem rar ist. Das Obst und Gemüse aus Andalusien ist nur ein Beispiel dafür. Umweltschützer raten deswegen dazu, lieber saisonale Sorten zu kaufen, möglichst aus der Region.

Jorge drehte den Hahn zu und wir schütteten das Pulver in den Tank, der jetzt fast voll war. Nach fünf Säcken sah der Inhalt aus wie wässrige Alpina-Wandfarbe. »Fünfzehnhundert Liter«, sagte Jorge. »Das reicht.« Jetzt kam der riskante Teil des Jobs an die Reihe. Deshalb hatten wir vorher geübt.

Am Vortag hatte mich Jorge mit zugekniffenen Augen gegen die Sonne gemustert und gebrummt: »*Bueno*, ich hoffe mal, du wiegst nicht mehr als siebzig Kilo.« Ich wiege zweiundsiebzig, aber schüttelte den Kopf. Wir standen bei Jorge in der Garageneinfahrt, vor einem kleinen einstöckigen Haus, umgeben von Zitronenbäumen, in dem er mit seinen Eltern lebte. Die Familie hatte ein Gewächshaus, in dem gerade nichts wuchs. Ich konnte also nicht viel kaputt machen, als er mich über eine kleine Leiter aufs Dach schickte. Wobei Dach ein unpassendes Wort ist. Es war nämlich etwa so stabil wie das Dach eines großen Zeltes. Genauer gesagt: eines Zeltes aus Frischhaltefolie.

Schnell merkte ich: Darauf herumzulaufen ging im Grunde gar nicht. Es war nur möglich, wenn man die Füße ausschließlich auf den Drähten absetzt, die im Abstand von einem Meter über die Folie gespannt waren, um sie am Wegfliegen zu hindern. Bei jedem Schritt federte das ganze Dach, es fühlte sich an wie auf einer Hüpfburg. Sobald man rausgefedert wurde, musste man den nächsten Schritt machen, zum nächsten Draht. Und immer so weiter. Man sah dabei wahrscheinlich aus wie ein Mensch, der so schnell wie möglich durch einen Sumpf watet, um nicht zu versinken. Stehenbleiben konnte man nur am Rand oder auf dem Scheitel des Gewächshauses. Dort verlief das Metallgestänge.

Dazu musste man normalerweise noch einen Schlauch halten, aus dem mit Hochdruck ein weißer Wasserstrahl schoss, der einen dünnen Film auf der Folie hinterlassen sollte. Nicht zu dünn, sonst verbrannten die Pflanzen. Nicht zu dick, sonst reiften sie zu spät. Ein Blanqueador war im Grunde eine Mischung aus Seiltänzer und Feuerwehrmann.

Bei meiner Generalprobe schlug ich mich wider Erwarten ganz gut. Aber jetzt kam's wirklich drauf an. Das Gewächshaus gehörte einem Kunden; einem Gurkenbauern, der hier morgen Setzlinge pflanzen lassen wollte. In der nächsten Stunde mussten wir einen Hektar Dach bleichen. Oder auch: ein Fünfunddreißigtausendstel des gesamten Plastikmeers. In dem Puzzle würde hoffentlich später ein winziges Teilchen besonders weiß sein.

## GURKEN AUS DEM PLASTIKMEER

Schnell wie eine Straßenkatze kletterte Jorge vor mir die Plastikwand hoch. Hinter ihm her einer seiner Helfer. Der dritte Mann rollte währenddessen den langen Schlauch ab. Das Gewächshaus, merkte ich, war doppelt so hoch wie das von Jorges Eltern. Knapp vier Meter am Rand, sechs Meter in der Mitte. Und es war nagelneu; die Folie glänzte in der Morgensonne. Als ich mich oben über den Rand zog, erkannte ich noch etwas: sie war durchsichtig. Ich guckte runter und sah ausgedörrten Boden. Alle zehn Meter steckte eine dünne Eisenstange darin, die die Dachfolie, und nun auch mich, abstützen sollte. Hier musste ich drüberrennen? Und das auch noch mit einem Schlauch? Keine Chance. Ich setzte mich kurz an den Rand und hielt mich fest.

»Was ist los, Kumpel?«, brüllt Jorge mir zu. Er hüpfte schon zwanzig Meter vor mir von einem Seil zum nächsten und zerrte mit seinen Ärmchen den Schlauch hinter sich her. »Konzentrier dich einfach auf die Drähte!« Ich atmete durch – versuchte nicht daran zu denken, dass nur zwei Schichten Folie und ein Draht mich vom nackten Boden trennten – und machte den ersten Schritt.

Gurken aus Spanien. Nicht dass ich mir jemals konkret Gedanken darüber gemacht hätte. Aber wenn, dann hätte ich vermutlich erwartet, dass ein stoppelbärtiger Bauer mit einem dieser runden Flamenco-Hüte sie auf einem sonnenüberstrahlten Feld vom Strauch pflückte und pfeifend in einen Korb legte (der vielleicht sogar an einem Esel befestigt war), während im Hintergrund ein Song von den Gipsy Kings lief. Eines hätte ich jedenfalls ganz sicher nicht erwartet: das hier. Während ich schwankend und mit den Armen rudernd von Draht zu Draht sprang, sah ich plötzlich durch die Folie, dass sich unter mir etwas bewegte. Da, vier, fünf Meter tiefer, schleppten ein paar Männer Säcke auf den Schultern und legten sie in langen Reihen auf dem Boden aus. Das musste die Steinwolle sein, von der ich schon gehört hatte. Darin – der Fachmann nennt es Substrat – wachsen nämlich die Pflanzen. Echte Erde wäre zu anfällig für Parasiten oder Krankheiten. Und weil solche riesigen Monokulturen ein Traum für Schädlinge sind, lassen die Bauern hier etwa dreimal so viel Gift versprühen wie zum Beispiel in Holland. Immer wieder haben Verbraucherschützer kritische Mengen davon auf dem spanischen Gemüse in hiesigen Supermärkten gefunden.

> **RASSISMUS IST IN ANDALUSIEN WEITVERBREITET. DABEI WÜRDE WOHL KAUM EIN SPANIER SICH SELBST IN DIE BULLENHEISSEN GEWÄCHSHÄUSER STELLEN, UM FÜR VIER EURO DIE STUNDE TOMATEN ZU PFLÜCKEN.**

Die Gurken, Tomaten, Paprikas und Zucchini wuchsen in Andalusien jedenfalls so natürlich wie Hühnchen in der Massentierhaltung. Das Gemüse war im Grunde kein Naturprodukt mehr, sondern wurde industriell geklont. Und die wahre Drecksarbeit machten eher nicht Jorge und seine Kollegen, sondern die Männer da unten. Die meisten Arbeiter in den Gewächshäusern sind Marokkaner und Rumänen, gefolgt von Schwarzafrikanern. Die *Moros*, wie Jorge sie alle zusammen nannte, arbeiteten oft illegal. Viele waren übers Mittelmeer geflohen und pflanzten nun bei vierzig Grad Hitze auf den Knien in den windstillen Plastikhallen Setzlinge in kratzige Steinwolle. Das Zeug ist ja eigentlich ein Dämmstoff.

Auf der Fahrt waren wir an einigen dieser Menschen vorbeigekommen. Sie gingen am Straßenrand zur Arbeit. Jorge, der hier jeden Tag entlangfuhr, grüßte nicht, bremste nicht – er guckte nur grimmig. Nein, mit den *Moros* habe er nichts zu tun, wolle er auch nicht. »Viele sind kriminell«, sagte er. Keiner seiner Gehilfen war

Ausländer. Er arbeitete nur mit Spaniern. Traurige Erkenntnis: Im Gewächshaus trennten vier Meter Luft und zwei Schichten Plastikfolie zwei Welten voneinander.

Rassismus ist in Andalusien weitverbreitet. Rechte Politiker machen hier immer wieder gegen die sogenannten Gastarbeiter Stimmung. Zweimal, nachdem ein Nordafrikaner angeblich ein Verbrechen verübt hatte, hetzten weiße Spanier Migranten durch die Straßen. Es ist kein Zufall, sagen spanische Politikbeobachter, dass die neue rechtspopulistische Partei Vox, die alte Faschisten und junge Rechtsextreme vereint, zum ersten Mal in Andalusien ins Parlament eingezogen ist. Die Partei wirbt mit dem historisch aufgeladenen Begriff der Reconquista – der Vertreibung der Mauren. Dabei würde wohl kaum ein Spanier sich selbst in die bullenheißen Gewächshäuser stellen, um für vier Euro die Stunde Tomaten zu pflücken.

Irgendwie hatte ich es tatsächlich ans andere Ende des Daches geschafft, zu Jorge und seinem Kollegen. Meine Oberschenkel zitterten. Der Schlauch lag jetzt quer über der spiegelnden Fläche vor uns. »Von hier laufen wir immer hin und her, zurück zum Auto«, rief Jorge. »Du sprühst, wir führen den Schlauch. Und immer bis in die Ecken!« Er warf mir die Spritze zu. Dann rief er dem zweiten Helfer ein Kommando zu. Ich hörte, wie in der Ferne röchelnd ein Kompressor ansprang. Der Schlauch in meinen Armen zuckte.

Ein Bleicher verdient pro Gewächshaus sechzig Euro. Jorge schaffte, wenn ich nicht dabei war, fünf davon an einem Tag. Er arbeitete sieben Tage die Woche. Von April bis Oktober verbrachte er sein Leben praktisch durchgehend auf dieser spiegelnden Bratpfanne in der prallen Sonne; was mir inzwischen auch seine Gesichtsfarbe und sogar seinen Bierkonsum erklärte.

Eine Frage hatte ich ihm am Vortag natürlich sofort gestellt: Warum bespannte man die Gewächshäuser statt mit durchsichtiger nicht einfach mit weißer Folie, die man nicht erst anmalen muss?

Das hatte einen einfachen Grund: Die weiße Schicht ist abwaschbar. Wenn im Herbst die Sonne nachlässt und das Wetter kühler wird, springen die Blanqueadores noch ein paarmal mit ihren Schläuchen über die Dächer – diesmal allerdings mit klarem Wasser, um das Weiß zu verdünnen. So wird der Sonnenschutz allmählich durchlässiger. In den Wintermonaten, wenn die UV-Strahlung schwächer ist, sind die Dächer dann wieder fast transparent.

Aber das Plastikmeer ist natürlich das Gegenteil von nachhaltig. Nicht nur, was seinen unfassbaren Wasserverbrauch angeht. In modernen Gewächshäusern in Holland oder Belgien benötigt ein Kilo Tomaten nur ein Fünftel des Wassers, das hier verbraucht wird. Nein, die Folien bekommen auch schnell Löcher. Sie müssen des Öfteren ausgetauscht werden. Dadurch entstehen jedes Jahr dreiunddreißigtausend Tonnen Plastikmüll. Und weil Recycling zusätzliche Arbeit bedeutet, werfen einige Bauern die kaputten Planen einfach in die Landschaft. Berge von pestizidverseuchtem Plastik werden vom Wind in Flussbetten geweht, verstopfen Abwasserkanäle oder landen im Meer. An den Stränden entlang der Gewächshauswüste türmen sich ganze Dünen aus stinkendem vergilbtem Kunststoff, in dem tote Fische und Vögel verrotten.

»Ojo!«, brüllte Jorge. Achtung! Zwanzig bar Druck pusteten das Wasser aus dem Schlauch und mich fast rückwärts vom Dach. Gerade so hielt ich mein Gleichgewicht, stemmte mich gegen den Strahl und kämpfte mich langsam vornübergebeugt in Richtung Mitte des Daches. Der weiße Sprühnebel schoss in einem hohen Bogen acht Meter weit und prasselte in gleichmäßigen Sprenkeln auf das Plastik.

Nach ein paar Metern hatte ich mich an den Druck gewöhnt. Ich nutzte den prallen Schlauch als Stütze und hüpfte mit der Düse vor dem Bauch von Draht zu Draht. Jorge rannte zehn Meter hinter mir her, zog den Schlauch nach und rief immer wieder, wenn ich eine Stelle vergessen hatte. Es ging immer besser. Ich sprang und landete immer müheloser auf den Drähten.

Während ich das Wasser auf das glühend heiße Dach spritzte, wo es schnell verdampfte und die Luft kurz etwas abkühlte, fühlte ich mich ein bisschen schuldig. Das Wasser, das wir aus dem Betonbecken gepumpt hatten, hatte der Bauer aus der Entsalzungsanlage, meinte Jorge. Aber stimmte das? Und würde es die Sache so viel besser machen? Ich wusste nur: In den Gewächshäusern von Almería wird jedes Jahr viermal mehr Wasser verbraucht, als durch Niederschläge zum Grundwasserspiegel hinzukommen. Das liegt auch daran, dass Tausende Bauern ihr Wasser seit Jahrzehnten aus sogenannten Mondscheinbrunnen pumpen, illegalen Schächten, die sie selbst gebohrt haben, oft bei Nacht. Eine Million solcher teilweise hundert Meter tiefen Löcher gibt es laut Schätzungen in Spanien. Plus unzählige mehr, die längst versiegt sind und jetzt

sinnlos die Landschaft zerlöchern. In eines davon ist im Winter vor meinem Besuch ein zweijähriger Junge gefallen und dabei ums Leben gekommen. Die wochenlange Rettungsaktion war weltweit in den Nachrichten. Das war nur zwei Stunden westlich von hier. Auch das ist der Preis für unsere vollen Frischeregale im Januar, dachte ich, während ich die deutschen Wintergurken vor der andalusischen Sommersonne rettete.

Ich war inzwischen fast blind. Meine Haare und mein Gesicht waren voller glitschigem Kalkwasser. Aber mein Körper sprang wie auf Autopilot weiter. Ich wurde leichtsinnig. Und rutschte an einer Stelle mit dem linken Fuß vom Draht. Ich versuchte, mich mit einem Sprung aufs nächste Seil zu retten, aber mein rechter Fuß

landete mitten auf der Folie. Und stach durch. Der Länge nach klatschte ich hin. Ich steckte bis zur Hüfte im Dach. Mein Bein baumelte in sechs Meter Höhe von der Decke des Gewächshauses, der Draht schnitt in die Innenseite meines Oberschenkels. Ich wurde panisch, weil ich spürte, wie ich tiefer in das Loch rutschte. Wie ein Mann, der ins Eis eingebrochen ist, suchten meine Hände Halt am Rand; aber sie fanden keinen. Den Schlauch hatte ich losgelassen, er zuckte hin und her und spritzte mir mit Vollgas die Soße ins Gesicht. Da spürte ich eine kräftige Hand unter der Achsel. Jorge zog mich hoch. Mein Bein tauchte aus dem Loch wieder auf. Wir waren beide von den Haaren bis zu den Schuhen nass und weiß.

Am Ende ging mir das Wasser aus. Die fünfzehnhundert Liter waren nicht genug. Allein mein Sturz hatte wahrscheinlich hundert Liter vergeudet. Wir pumpten noch mal Wasser nach. Damit kam ich dann bis ins letzte Eck des Daches. Alle Gurken waren vor der Sonne geschützt. Als ich mich endlich mit zittrigen Händen vom Rand des Gewächshauses herunterließ, schallte mir prustendes Gelächter entgegen.

»Nein«, sagte Jorge auf meine Frage, als wir kurz darauf den Schlauch aufwickelten, »so umständlich hat sich lange keiner mehr angestellt.« Der Bauer würde ihm später zehn Euro vom Lohn abziehen, wegen des Loches im nagelneuen Dach. Jorge ging rüber zur Fahrertür, klopfte sich den Kalk von den Händen, die in der Hitze längst wieder staubtrocken waren, und holte das dritte Bier hervor. »Das nächste geht auf dich.«

# DAS BRAUNE GOLD VON VIOTÁ

Es war mitten in der Nacht; ich lag auf dem Bett und konnte nicht schlafen. Schuld war der Kaffee. Allerdings nicht in der Art schuld, wie er es gelegentlich war, wenn ich zu spät noch einen doppelten Espresso getrunken hatte. Nein, jetzt hinderte er mich deswegen am Schlafen, weil ich ihn den ganzen Tag gepflückt hatte. Alles juckte. Mein Gesicht und mein Hals waren von Moskitos zerstochen, meine Handgelenke rot verpustelt von irgendwelchen Nesseln. Meine Unterarme waren zerkratzt von den Ästen der Kaffeesträucher, meine Daumen und Zeigefinger zerschrunden von den Bohnen. Das Schlimmste aber war: Morgen Früh um sieben ging es weiter. Wie sollte das klappen? Ich wälzte mich wütend kratzend hin und her, während hinter den schiefen Fensterläden die Zikaden pfiffen und schnarrten, als würden sie mich auslachen.

Kaffeepflücken ist Handarbeit. Härteste Handarbeit. Bis vor kurzem hatte ich davon keine Ahnung. Ich hatte überhaupt noch nie eine Kaffeepflanze gesehen, außer auf den hübschen Fotos, die bei Starbucks hängen, neben den Tafeln mit den Preisen. Venti Oat Vanilla Latte: 5,99 Euro. Schon seltsam, dachte ich. Da schüttet man zwanzig Jahre lang täglich einen halben Liter von etwas in sich rein und weiß nicht mal genau, wo es herkommt. Immerhin wusste ich jetzt ein bisschen mehr: Kaffee ist die meistverbreitete Droge der Welt. Er macht schnell körperlich süchtig. Dass mein Tag normalerweise mit einem Gang zur Kaffeemaschine beginnt, bevor ich auch nur in den Spiegel gucke, liegt schlichtweg daran, dass mein Körper die Entzugserscheinungen lindern will: Kopf-schmerzen, schlechte Laune, Niedergeschlagenheit. Kaffee hat die Geschichte der Moderne so stark geprägt wie wohl kein zweites Getränk vor ihm. Er hat ganze Volkswirtschaften verändert und den Kapitalismus in seiner heutigen Form mitgeprägt. Rohkaffee ist das zweitmeistgehandelte Exportgut der Welt, nach Erdöl.

Ich Banause am oberen Ende der Lieferkette hatte ja nicht mal gewusst, dass es sich bei den Bohnen im Grunde um geröstete Kirschkerne handelt. Oder dass die wilde Kaffeepflanze derart sen-sibel ist, dass sie in den nächsten dreißig Jahren aussterben könnte. Und zwar wegen des Klimawandels, den nicht zuletzt vom Koffein hochgepeitschte Menschen in den Industrieländern verursacht ha-ben. Kommt es wirklich zum Aussterben der ursprünglichen Kaf-feepflanze, gäbe es ein Problem; denn dann könnten aus ihr keine neuen Sorten gezüchtet werden, die einigermaßen resistent gegen Schädlingsbefall sind. Im schlimmsten Fall hätten dann nicht nur hundert Millionen Menschen rings um den Äquator keine Lebens-grundlage mehr – dann hätten auch wir Süchtigen ein verdammtes Problem. Mit diesem Gedanken schlief ich irgendwann ein.

Bogotá liegt in einem saftigen Talbecken; man ist doppelt so schnell in den Bergen wie von München aus in den Voralpen. Es sind zunächst eher Hügel, die so sanft und hübsch ansteigen wie sehr dicht bewachsene Dünen. Die Autobahn spülte uns aus der Stadt, mit tausend Motorrädern und SUVs, deren Scheiben in Kolumbien komplett ringsum verspiegelt sind, sodass man keine Ahnung hat, wer drin sitzt und wie viele Leute darin sitzen. Eine Hinterlassenschaft des jahrzehntelangen Bürgerkriegs, in dem sich Guerillakämpfer vor allem mit Entführungen finanzierten. Und natürlich mit der Herstellung des bekanntesten illegalen Export-guts des Landes: Kokain.

Der Konflikt war vor ein paar Jahren beigelegt worden. Es hat-te eine Amnestie für Guerilleros und Coca-Farmer gegeben. Aber seit einiger Zeit gab es wieder Berichte über Rebellengruppen, die sich, enttäuscht von dem Kompromiss, erneut bewaffnet und in die Wälder zurückgezogen hatten. Mir war also etwas mulmig, als wir das Stadtgebiet verließen und auf die gewundene und schlaglöchrige Bergstraße wechselten. Die verspiegelten SUVs wurden bald von klapprigen Pick-up-Trucks ersetzt. Man sah gedrungene Büsche, die an den Hängen wuchsen. Hier begann das sogenannte Kaffeedreieck, die Heimat des »richest coffee in the world«, wie es in alten Werbespots für kolumbianischen Kaffee immer hieß, in denen ein sympathischer Bauer namens Juan Valdez mit Schnurrbart, weißem Hut und Maultier genussvoll eine Tasse zum Mund führt. Das Land des braunen Goldes.

> **1860 BEGANNEN KOLUMBIANISCHE BAUERN, KAFFEE IM GROSSEN STIL ZU PRODUZIEREN. DER KONSUM IN EUROPA NAHM STARK ZU. DIE INDUSTRIELLE REVOLUTION VERDANKTE IHREN ERFOLG AUCH DEM AUFPUTSCHENDEN SUD DER KAFFEEBOHNE.**

Es gibt mehr als sechzig verschiedene Kaffeepflanzen, aber nur zwei werden weltweit angebaut. Die eine ist stark und relativ anspruchslos, die andere sanft und wählerisch. Man nennt die beiden Sorten Robusta und Arabica. Die erste hat sich vor allem auf Plantagen in Vietnam, Indonesien und Indien bewährt. Sie ist, wie der Name andeutet, ziemlich robust; hält tropische Temperaturen aus und direktes Sonnenlicht. Der Kaffee schmeckt stark und bitter, enthält viel Koffein und lässt sich gut industriell verarbeiten, was ihn auf dem Weltmarkt billiger macht. Aus Robusta werden die meisten Instant- und Supermarkt-Kaffees hergestellt. Außerdem werden mit ihm teurere Sorten gestreckt.

Die andere Kaffeeart ist nach den Arabern benannt, die die Pflanze vor Jahrtausenden in Ostafrika entdeckt haben. Kaffee aus der Arabica-Bohne schmeckt sanfter und fruchtiger. Er ist beliebt bei Menschen, die ihn nicht (nur) wegen der Wirkung, sondern wegen des Geschmacks trinken. Dafür ist die Pflanze anspruchsvoll. Sie wächst nur in bestimmten Höhenlagen und bei milden Temperaturen, mag am liebsten Halbschatten und hasst Wind. Das Hochland Kolumbiens ist ideal dafür. Die Anden bieten auf diesen Breitengraden fruchtbare Böden, ganzjährig sanftes Klima und sind so in Nord-Süd-Richtung ausgerichtet, dass die Sonne alle Hänge gleichmäßig erreicht. Mehr Arabica-Kaffee als Kolumbien produziert nur Brasilien.

Die Hazienda tauchte so plötzlich aus dem Wald auf, als hätte jemand einen grünen Vorhang beiseitegezogen. Ich wunderte mich, dass ich sie nicht schon von weitem durch die Blätter hindurch gesehen hatte. Denn die Wände des zweistöckigen Farmhauses waren grellgelb bemalt, die Türstöcke grün und die Geländer vor der Galerie knallrot. Vor dem Haus graste ein Pferd. Daneben parkte ein uralter türkis lackierter Land Rover, aus dem jetzt ein kompakter Mann mit Pausbacken und Cowboyhut stieg und winkte.

Oscar, Ende dreißig, war der Verwalter der Farm. Er führte mich über das Anwesen. Fünfzehn Menschen arbeiteten hier, als Pflücker, als Pflanzer, als Köchinnen. Die Hazienda Ceylán in der Nähe einer Kleinstadt namens Viotá gab es seit 1860. Bis auf die Wandfarbe hatte man in dieser Zeit offenbar kaum etwas erneuert. Damals begannen kolumbianische Bauern, Kaffee im großen Stil zu produzieren. Der Konsum in Europa nahm stark zu, denn die Industrialisierung machte es für Fabrikbesitzer attraktiv, die teuren Dampf- und sonstigen Maschinen rund um die Uhr laufen zu lassen. Man begann, ein Schichtsystem einzuführen. Millionen Arbeiter schufteten jetzt die Nächte durch. Die industrielle Revolution verdankte ihren Erfolg auch dem aufputschenden Sud der Kaffeebohne.

Der Mann, der mich am nächsten Morgen mit einem brutalen Händedruck und einem freundlichen Lächeln begrüßte, sah aus wie der Schauspieler Danny Trejo aus dem Film *Desperado*. Ein groß gewachsener sehniger Mann Ende fünfzig, mit buschigem Schnurrbart im vernarbten Gesicht. Er hieß Héctor und war seit acht Jahren Kaffeepflücker. Mit zwei anderen Männern wartete er am frühen Morgen vor dem Haus. Man trug Gummistiefel, schmutzige alte Hemden und Basecaps. Vor den dreien standen Plastikeimer, an denen Lederriemen befestigt waren.

Ich hatte, wie gesagt, peinlich wenig Ahnung von der Herstellung meines Lieblingsgetränks. Natürlich kannte ich besagte Werbespots. Oder Bilder von idyllischen Berghängen im Morgengrauen, auf denen Männer – diesmal nicht mit Flamenco-, sondern mit Schlapphüten – im Gegenlicht rote Beeren pflückten. Aber ich hatte das für einen ähnlich verlogenen Kitsch gehalten wie die Bilder von handgemolkenen Kühen auf den Packungen von Discounter-Milch. Wenn Soja in quadratkilometergroßen Monokulturen wuchs und von Maschinen geerntet wurde, warum sollte es bei Kaffee anders sein?

Inzwischen weiß ich, dass es maschinell geernteten Kaffee zwar gibt, dass er aber die große Ausnahme ist und vor allem für billige Supermarktware verwendet wird. Er schmeckt nicht gut; das Pflücken ist zu kompliziert, als dass eine Maschine es gut erledigen könnte. Nein, Kaffee pflücken Menschen bis heute von Hand, und zwar jede Bohne einzeln. Siebzig Prozent des Kaffees weltweit stammen aus kleinbäuerlicher Herstellung. In Kolumbien bewirtschaftet der durchschnittliche Kaffeebauer eine Fläche von gerade einmal viereinhalb Hektar; das ist weniger als fünf Fußballfelder. Und weil die größtenteils im unwegsamen Hochland liegen, sind sogar Traktoren selten.

Unser einziges technisches Hilfsmittel waren die Eimer. Die Pflücker stapelten sie auf der Ladefläche des Land Rover. Héctor sah mich an und grinste. »Willst du kurzärmlig ernten?« Jetzt lachten alle. »Nein. Willst du nicht, glaub mir.« Er zog ein fleckiges Nadelstreifenhemd aus einer Kiste im Wagen, außerdem einen Strohhut. »Ohne Sombrero kannst du gleich im Bett bleiben. Die Sonne knallt hier in den Bergen.« Dann kletterten wir hinten in den Wagen. Oscar, der Verwalter, ließ mit einem lauten Stottern den Motor an, dann schaukelte uns der Uralt-SUV einen Bergpfad nach oben. Aus dem Radio plärrte, tatsächlich, Cumbia. Ich grinste in mich hinein: Wenn man hier versuchte, mir die heile Welt aus der Café-de-Colombia-Werbung vorzuspielen, machte man es fast ein bisschen *zu* gut. Wer sollte das glauben?

Arabica-Kaffeepflanzen wissen, wie man sich tarnt. Es sind buschige, ziemlich kräftige Sträucher, die am liebsten im Halbschatten höherer Bäume stehen. Deshalb fallen viele Kaffeeplantagen im südamerikanischen Hochland nicht sofort auf. Der ungeschulte Blick sieht Bergwald; die Plantagen mit den wertvollen Früchten liegen versteckt im Unterholz. Wir stoppten am Rand eines steil abfallenden Abhangs, kletterten raus und legten die Riemen um die Hüften, sodass uns die Eimer im Schritt hingen. Sie mussten mittags voll sein. »Von hier aus arbeitet ihr euch nach unten«, rief Oscar. »Wir treffen uns am Haus. Passt auf unseren neuen Mitarbeiter auf!« Er lachte, wendete den Land Rover und verschwand holpernd in der Richtung, aus der wir gekommen waren.

### HÉCTOR BRÜLLTE. »AVISPAS!« WESPEN? WESPEN! ALLE VERSTEINERTEN. DANN HÖRTE ICH ES: DAS BRUMMEN WAR DIREKT VOR UNS.

Es war auf paradiesische Art ruhig, während wir uns durchs hohe Gras in Richtung der Kaffeepflanzen schlugen: Héctor voran – mit Machete in der rechten Hand –, dann ich, hinter mir die beiden anderen Pflücker. Ich blickte mich um. Der Himmel war blau, in der Ferne erhoben sich Hügel, über uns flöteten Vögel, irgendwas summte, es duftete leicht nach Bananen, ein Schmetterling flatterte vorbei. Ich dachte wieder an Juan Valdez, die TV-Werbefigur: Lächelnd führte er seine Maultierdame Conchita durch die Berglandschaften, während seine Stimme mit raspelnd spanischem Akzent die schöne Kaffeewelt beschrieb. Die Vereinigung der kolumbianischen Kaffeebauern hatte Valdez erfunden, um den eigenen Hochlandkaffee als Qualitätsprodukt zu vermarkten. Er war inzwischen fast so bekannt wie Ronald McDonald oder das Michelin-Männchen. (So bekannt, dass ein Konkurrent aus Mittelamerika vor Jahren einen Rechtsstreit provozierte, weil er den Slogan frech abwandelte:»Juan Valdez trinkt Kaffee aus Costa Rica«.) Bis heute findet man Valdez und Conchita als kleines Logo auf jeder Packung Kaffee, die aus Kolumbien stammt. Ja, dachte ich, während ich zum Blätterdach aufblickte, das sich über uns sanft im Wind bewegte, Juan Valdez hat nicht zu viel versprochen.

»Para!« Héctor brüllte. Stopp. Er war wie angewurzelt stehen geblieben.»Avispas!« Wespen? Wespen! Alle versteinerten. Dann hörte ich es: Das Brummen war direkt vor uns. Héctor bewegte sich jetzt in Zeitlupe rückwärts. Direkt vor ihm hing auf Kniehöhe an einem Strauch ein grauer Klumpen, groß wie ein Volleyball. Kleine schwarze Insekten umkreisten ihn in Unheil verkündend größer werdenden Ellipsen. Wir gingen fünf Meter rückwärts und schlugen dann einen sehr großen Bogen. Ich seufzte innerlich auf. Wäre ich verträumt vorangelatscht, hätte unser kleiner Trupp den Tag im Krankenhaus beendet, bevor wir auch nur eine einzige Bohne gepflückt hätten.

Die Wespen waren ein gutes Zeichen. Der traditionelle Anbau von Hochlandkaffee ist ökologisch relativ vernünftig. Bauern pflanzen zwischen die Kaffeesträucher mittelhohe Avocado-, Bananen- oder Zitronenbäume, die wiederum von hohen Zedern überschattet werden. Das verhindert nicht nur Erdrutsche, es lässt auch Raum für viele verschiedene Tier- und Pflanzenarten, die sich gegenseitig unterstützen. Die biologische Vielfalt dieser Art Plantagen ist laut Studien deutlich größer als die von Monokulturen; und sie verleiht dem Kaffee angeblich sogar einen fruchtigeren Geschmack. Die Hazienda Ceylán ist Teil der Rainforest Alliance, die Kaffee aus dieser Art Anbau mit einem Grüner-Frosch-Siegel auszeichnet. Nur mit den Insekten muss man als Pflücker klarkommen.

*Coffea arabica* ist eine störrische Pflanze. Sie macht es dem Menschen so schwer sie nur kann, an ihre genießbaren Samen zu kommen. Erst mal ist da die Hanglage, in der sie wächst. Während wir uns den Berg hinunterbewegten, zur Sicherheit immer in Rufweite, musste ich mich alle paar Schritte an einem Ast festhalten, um nicht den Halt zu verlieren. Einmal wäre ich fast den Hang hinuntergepurzelt, als ich mich beim Pflücken seitlich an einem Strauch vorbeibeugte und ins Leere trat.

Es ist aber auch die Pflanze selbst, die alles andere als bequem zu ernten ist. Die Kirschen sitzen eng an den Ästen, und zwar ringsum, fast wie Körner an einem Maiskolben. Nur die roten und gelben sind bereit zur Weiterverarbeitung, die grünen machen den Kaffee ungenießbar. Das Problem ist: grüne, gelbe und rote liegen völlig zufällig nebeneinander. Man kann sie also nicht einfach mit einer Handbewegung vom Ast streifen, man kann nicht mal Handschuhe tragen, sondern muss vorsichtig jede einzelne Frucht zwischen ihren unreifen Nachbarinnen herauspulen, was einfacher klingt als es ist, weil die Dinger extrem fest mit dem Holz verwachsen sind. Ein paar Tage später muss man dieselbe Pflanze dann erneut kontrollieren, weil jetzt die eben noch grünen Kirschen reif sind. Immerhin, das musste ich dankend anerkennen, hat *Coffea arabica* keine Stacheln.

Während ich mich so, rutschend, fluchend und von den Moskitos bald komplett zerstochen, den Abhang hinunterbewegte, fiel es mir immer schwerer zu glauben, dass irgendwann im Mittelalter im Königreich Kaffa, in der Gegend des heutigen Äthiopien, wo die Pflanze herkommt, jemand auf die bizarre Idee gekommen war, diese bitter schmeckenden Früchte zu schälen, ihre Kerne zu waschen, zu trocknen, zu rösten, zu mahlen und den daraus gewonnen Sud zu trinken. Wie kam man auf so was? Einer Legende nach hatten Hirten zuerst beobachtet, wie einige Ziegen die Früchte des Strauches gegessen hatten und daraufhin bis spät in die Nacht munter herumgesprungen waren. Arabische Sklavenhändler brachten die Pflanze später in den heutigen Jemen. Von dort kam sie ins Osmanische Reich und später nach Europa. Nach Südamerika importierten sie erst portugiesische und spanische Eroberer, die ihre afrikanischen Sklaven mit Peitschen dazu zwangen, die Pflanze auf Plantagen anzubauen. Die Geschichte des Kaffees ist ungefähr so dunkel wie das Getränk selbst.

> **NACH DEM JÜNGSTEN PREISSTURZ IST IN KOLUMBIEN EIN DRITTEL DER ANBAU-FLÄCHE VERLOREN GEGANGEN, WEIL HUNDERTTAUSENDE BAUERN AUFGEBEN. VIELE SATTELN UM AUF PFLANZEN MIT BESSERER MARGE, ZUM BEISPIEL AUF ILLEGALES COCA. ANDERE GEHEN IN DIE ARMENVIERTEL DER STÄDTE, UM SICH ALS TAGELÖHNER DURCHZUSCHLAGEN.**

Kurz vor Mittag waren wir am Fuß des Hügels angekommen. Die Sonne hatte den Wald zum Schwitzen gebracht; am Himmel hatten sich Wolken gesammelt. Mein Eimer war nicht mal zur Hälfte gefüllt. Meine Kollegen schleppten mit einem Liedchen auf den Lippen ihre randvollen Eimer zu ein paar Baracken, die sich auf einer Lichtung gruppierten. »Trinkpause«, rief Héctor und bückte sich hinter eine rostige Badewanne, die vor einer der Hütten stand. Ein schmutziger weißer Zehnliterkanister kam zum Vorschein, aus dem er einen langen Schluck nahm und ihn mir in die Arme drückte. »Trink, ist gut für dich. Kaktusfeigensaft.«

Die Baracken waren das Zuhause der Pflücker. Die Wanne war Teil des Gemeinschaftsbadezimmers. Es bestand außerdem aus einem Wasserhahn, der aus einer Außenwand ragte, dem Splitter eines Glasspiegels auf einem Fensterbrett und ein paar Eimern, mit denen sich die Bewohner waschen konnten.

»Mir fehlt es hier an nichts«, sagte Héctor, als er die Tür zu seinem Zimmer öffnete. Ein schmales Bett aus dunklem Holz stand an der Wand des fensterlosen Raumes; gegenüber auf einer Kommode ein mindestens dreißig Jahre alter Röhrenfernseher. Vor seiner Zeit als Kaffeepflücker hatte Héctor als Lastwagenfahrer gearbeitet. »Ich bin durch halb Südamerika gefahren. Meine Frau und ich haben uns vor langem getrennt, aber mein Sohn und mein Bruder besuchen mich oft.« Er habe das Leben in Bogotá sattgehabt. »Zu laut, zu gefährlich. Hier hab ich meine Ruhe, muss nicht weit in die Arbeit fahren und bin mitten in der Natur. Mehr brauch ich nicht.« Héctor verdiente knapp zweihundertzwanzig Euro im Monat, den kolumbianischen Mindestlohn.

Wie konnte das sein? Kaffee ist nicht billig. Ein Cappuccino aus einer hochwertigen Arabica-Bohne, wie sie in der Hazienda wächst, kostet in Deutschland schnell 3,50 Euro. Viele Millionen Menschen in Europa und den USA leisten sich das jeden Tag. Trotzdem arbeiten Menschen, die ihn herstellen, immer am Existenzminimum. Der Preis ungerösteter Kaffeebohnen, die an internationalen Terminbörsen als »grüner Kaffee« gehandelt werden, schwankt extrem. Als mit dem Ende des Kalten Krieges ein internationales Handelsabkommen zur Kontrolle der Kaffeemenge auslief und Vietnam begann, im großen Stil Robusta-Kaffee anzubauen, rauschte der Weltmarktpreis in den Keller. Millionen Kaffeebauern in Afrika und Lateinamerika verarmten, viele verhungerten sogar. Seitdem hat sich die Situation kaum gebessert. Im Sommer 2019 fiel der Preis mal wieder auf achtundachtzig US-Cent pro Pfund, so tief wie seit zehn Jahren nicht. Bei diesem Preis macht kaum ein Bauer Gewinn. Die Produktion von einem Pfund Hochland-Bohnen kostet Oscar mindestens 1,20 Dollar. Nach dem jüngsten

Preissturz ist in Kolumbien ein Drittel der Anbaufläche verloren gegangen, weil Hunderttausende Bauern aufgeben. Viele satteln um auf Pflanzen mit besserer Marge, zum Beispiel auf illegales Coca. Andere gehen in die Armenviertel der Städte, um sich als Tagelöhner durchzuschlagen. Manche machen sich auch gleich auf den Weg nach Nordamerika.

Auch Oscar hatte schon darüber nachgedacht, alles hinzuwerfen. Er erzählte es mir abends, als wir mit zwei Flaschen Aguila-Bier in Schaukelstühlen auf der Veranda saßen, während über uns dicke Käfer an einen alten Lampenschirm dotzten. »Das Problem

ist für uns nicht so existenziell wie für viele andere«, sagte er. Er war angestellt, der Besitzer der Farm war ein Tierarzt aus Bogotá, der auf den Gewinn nicht angewiesen war. »Aber wir machen so wenig Gewinn, dass jeder Sack Kaffee zählt, den die Männer am Ende einer Saison vollgekriegt haben.«

Seit Jahren versuchte Oscar, die schwankenden Preise mit dem Anbau anderer Früchte auszugleichen: Avocado, Papaya, Kochbananen. Außerdem setzte die Farm neuerdings auf Kaffee-Tourismus. Seit der Guerillakrieg in Kolumbien vorbei war, zumindest offiziell, hatten die Hausangestellten der Hazienda drei Zimmer mit Doppelbetten ausgestattet; Freunde von Oscar hatten einen kleinen Außenpool gebaut. Alle paar Wochen verirrte sich nun ein Pärchen aus Frankreich oder Deutschland hierher und machte ein paar Tage Urlaub auf dem Bauernhof.

»Aber Mann, es ist schwer!« Oscar nahm einen Schluck Bier. »Du hast meinen Wagen gesehen. Der ist fünfzig Jahre alt. Ich bete jede Woche, dass er nicht kaputt geht.«

Die Lösung liegt zweifellos in den Industrieländern. Der Preisdruck der großen Händler ist enorm. Und der unregulierte Handel an der Terminbörse überlässt die Ärmsten der Armen, die Kleinbauern, den Kräften des freien Marktes. Anfang 2019 bat das World Coffee Producers Forum, die Vereinigung aller Herstellerländer der Welt, in einem offenen Brief um Hilfe: Die meisten der fünfundzwanzig Millionen Familien, die weltweit kleinbäuerlich Kaffee anbauen, könnten »derzeit nicht mehr ihre Produktionskosten decken«. Die meisten! Es gehe längst nicht mehr nur um die Zukunft von gutem Kaffee. Es gehe um nicht weniger als die Abwendung einer »humanitären Krise«.

Anfang der achtziger Jahre, rechnete der Verband vor, lag der Preis für ein Pfund Arabica-Bohnen auf dem Weltmarkt zwischen 1,18 Dollar und 1,40 Dollar. Eine Tasse Kaffee kostete damals in den USA 1,10 Dollar. Heute lag der Preis für die Bohnen nur noch bei knapp einem Dollar, während das Getränk im Schnitt für mehr als drei verkauft wird. Man muss kein Finanzmarktexperte sein, um zu erkennen, welche Seite der Wertschöpfungskette das große Geld verdient.

> **BILLIGKAFFEE ZU TRINKEN BEDEUTET, BALD NUR NOCH MIESEN KAFFEE ZU TRINKEN. WIR KÖNNTEN GERADE DIE LETZTEN JAHRE DES GUTEN KAFFEES ERLEBEN.**

Als ich ein Kind war, kochten meine Eltern ihren Filterkaffee aus vorgemahlenem Pulver, das sie in ziegelsteingroßen Vakuumpackungen im Supermarkt kauften. Das Herkunftsland stand nur selten darauf. Das war die Ein-Dollar-zehn-Cent-Phase des Kaffeekonsums. Später, als in deutschen Innenstädten überall kleine Segafredo-Bars aufgemacht hatten und Starbucks weltweit den Decaf Latte Macchiato mit Karamellsirup etabliert hatte, schafften meine Eltern sich eine Siebträgermaschine mit Schaumdüse an. Fortan gab es zu Hause Cappuccino aus teurem italienischen Röstkaffee. Das war, was Fachleute die »zweite Kaffeewelle« nennen. Die dritte Welle hat jetzt mich erfasst, wenn ich in der Mikrorösterei bei mir ums Eck den speziellen Bohnenkaffee mit Schokotrüffel- und Kirscharoma bestelle, der nicht mehr nur »aus Ecuador« kommt, sondern, wie mir der Barista jederzeit gerne ausführlich erklärt, von einem ganz bestimmten Bauern südlich von Quito. Dieser Kaffee kostet schnell mal sieben Euro pro halbes Pfund. Ähnlich wie bei Wein, Gin und Bier geht auch bei Kaffee die Entwicklung in Richtung Handwerk und Qualität. Man könnte, etwas negativer formuliert, auch sagen: Distinktion und Bescheidwisserei.

Denn eine Zahl ist besonders beschämend: In den letzten vier Jahrzehnten, in denen Kaffee bei uns diese beispiellose Karriere hingelegt und sich nicht zuletzt auch preislich in ungeahnte Sphären geschraubt hat – in diesem Zeitraum haben die Bauern laut World Coffee Producers Forum achtzig Prozent ihrer Kaufkraft verloren. Die Ursache, genau wie die Lösung, liegt bei uns. Kaufen wir herkömmlichen Billigkaffee, unterstützen wir das Preisdumping. Nur fair gehandelter Kaffee kann Menschen ernähren. Und selbst wenn einem die hundert Millionen Bauern und Pflücker auf der Welt egal wären, gäbe es noch ein egoistisches Argument: Billigkaffee zu trinken bedeutet, bald nur noch miesen Kaffee zu trinken. Denn wenn Bauern keine Möglichkeit haben, Geld zurückzulegen, für moderne Gerätschaften oder unerwartete Kosten wie einen kaputten Land Rover, könnten wir gerade die letzten Jahre des guten Kaffees erleben. Das ist keine Übertreibung.

Hinzu kommt, wie gesagt, das Problem des Klimawandels. Er bedroht nicht nur die alten Kaffeesorten, sondern verschiebt auch die Zonen, in denen Kaffee wächst. Ohne einschneidende Maßnahmen zur Reduzierung der weltweiten Emissionen würden sich einer großen australischen Studie zufolge die geeigneten Kaffee-Anbauflächen bis 2050 um die Hälfte verringern. Am Äquator, an dem der sogenannte Kaffeegürtel entlangführt, würde es in niedrigeren Lagen zu heiß. Dort müssten Kaffeebauern auf Kakao umsteigen. In mittleren Lagen müsste man vom guten Arabica- auf Robusta-Kaffee umsteigen.

In den hohen Lagen, etwa in Kolumbien, hat der stärkere Regen schon in den vergangenen Jahren die Erntemengen beeinträchtigt. Ein Pilz namens Kaffeerost breitet sich aus, und auch der bedrohlichste Schädling, der Kaffeekirschkäfer, der ursprünglich aus den Tropen stammt, arbeitet sich Jahr für Jahr die wärmer werdenden Hänge der Anden hinauf. Wo Bauern die Möglichkeit haben, müssen sie ihre Kaffeefelder mit großer Wahrscheinlichkeit in höhere

Lagen umsiedeln. Wofür sie allerdings Wälder roden müssen, was den klimatischen Teufelskreis noch beschleunigt.

Am nächsten Morgen, als ich mit geschwollenen Händen und zerstochenem Gesicht zur Arbeit erschien, brachte mich Héctor zu einer Lichtung etwas unterhalb der Farm. Dort wartete ein kleiner Lastwagen. Auf der Ladefläche standen Dutzende Setzlinge, kleine grüne Triebe mit wenigen Blättern; die Wurzeln in Frischhaltefolie gepackt. »Wir erneuern jede Woche ein paar hundert Pflanzen«, erklärte Héctor, während er mit einem Spaten Löcher in den schwarzen Boden grub. Die Setzlinge, die wir vorsichtig von Hand einpflanzten, waren eine neue Zucht, von der man hoffte, dass sie resistenter sei gegen den Rost und den Käfer. Es war ein Rettungsversuch des kolumbianischen Kaffeeverbands: Je mehr Bauern ihre Plantagen aufgaben und je mehr der Regen die Ernten dezimierte, desto stärker wurde nachverdichtet. Nur wegen der neuen Pflanzen war die Produktionsmenge halbwegs stabil geblieben.

Nachmittags pflückten wir wieder. Als unsere Eimer abends voll waren – meiner zum Glück endlich auch mal –, zeigte mir Héctor, wie die Kirschen zur Bohne werden. Dieser Prozess fand etwas abseits der Farm im Wald statt, in einer verwucherten länglichen Scheune, die man vor hundert Jahren an den Steilhang gebaut hatte. Daneben verlief ein kleiner Bach, aus dem das benötigte Wasser kam. Oben am Hang kippten wir den Inhalt unserer Eimer in einen hölzernen Trichter. Darunter lag der Entpulper, wie er genannt wird, eine mächtige eiserne Mühle, die die Kirschen haargenau so quetscht, dass Haut und Fruchtfleisch abplatzen und die Bohnen übrig bleiben. Aus dem Berg geernteter Früchte wurde ein mickriges Häufchen … Die Bohnen plätscherten dann eine Art betonierte Wasserrutsche hinab, wobei sie sich selbst nach Größe sortierten.

Ich konnte wieder mal kaum glauben, wie wenig Technik man benötigte. Das Wasserrad, das den Entpulper antrieb, hatte man vor Jahren durch einen Elektromotor ersetzt, aber ansonsten lief die Arbeit genau so handwerklich ab, wie es die großen Kaffeediscounter uns in den Werbespots gerne extradick aufs Brot schmieren. (Nur dass ihr Billigkaffee größtenteils eben nicht handwerklich verarbeitet wird, sondern industriell in großen Backöfen. Die »nasse Aufbereitung« ist die aufwendigste und konserviert die meisten Aromen.) Am Ende landeten die feuchten weißen Bohnen nebeneinander in einem Sieb, das kaum größer war als ein großes Kellnertablett. »Das ist alles?«, fragte ich Héctor, der das Tablett hochhob, um es zum Trocknen zu bringen. »Das ist alles!«, rief er und grinste. »Die Ernte von drei Pflückern und einem Hospitanten an zwei Tagen.«

Ein paar Tage später stand ich in Bogotá am Flughafen El Dorado und musste mich entscheiden. Die Vereinigung der kolumbianischen Kaffeebauern hat dort Anfang des Jahrtausends angesichts katastrophaler Weltmarktpreise einen verzweifelten neuen Schritt gewagt und unter dem Namen ihrer berühmten Werbefigur einen Coffeeshop eröffnet: »Juan Valdez Café« gibt es inzwischen sogar in den USA. Es ist eine Art Starbucks für Menschen, die sich wirklich dafür interessieren, wo ihr Kaffee herkommt. Ich bestellte einen Tinto Campesino, den traditionellen Filterkaffee. »Klein, mittel, groß?«, fragte die Frau in der roten Schürze und schaute mich an.

Es mag kitschig klingen, aber in dem Moment sah ich Héctor vor mir, wie er das Sieb mit unserer Ernte die enge, spinnwebenverhangene Treppe rauf zum Dachboden geschleppt und dort die Bohnen von Hand auf dem warmen Holzboden verteilt hatte, wo sie ein paar Tage trocknen würden, bevor er sie in Baumwollsäcke packen und auf der Ladefläche des Pick-ups stapeln würde. Alles mit der zufriedenen Ruhe eines Mannes, der stolz auf seine Arbeit ist. Mit einem wahrscheinlich etwas zu breiten Lächeln im Gesicht sagte ich: »Groß, bitte.« Und nahm noch drei Packungen Bohnen dazu.

# EINE SCHULE FÜR DIE WALDMENSCHEN

Fast hätten wir sie in der Dämmerung übersehen. Die alte Brücke, die unser Treffpunkt sein sollte, war kleiner als erwartet. Keine zwanzig Meter lang, unbeleuchtet und halb überwachsen von tropischen Kletterpflanzen. Da waren wir, wie verabredet: zwei Autostunden von Tanjung Redeb entfernt, dem letzten Flugplatz diesseits des Regenwalds, kurz vor einem kleinen Dorf am Ufer des Flusses Segah, schon deutlich nach Sonnenuntergang. Wir stoppten den Van neben der Straße, schulterten unser Gepäck und folgten einem Pfad runter zum Ufer.

Zwei Holzboote mit Außenborder lagen dort. Sie waren nur wenig breiter als Kanus, aber fünf Meter lang. Zwei Männer grüßten mit einem Nicken, sie sprachen offenbar kein Englisch, luden unsere Rucksäcke in das eine Boot und ließen uns ins andere steigen. Dann rissen sie die Motoren an und steuerten die Kähne mit Vollgas ins mittlerweile tiefschwarze Wasser. Die Lichter des Dorfes blieben an der nächsten Kurve hinter uns. Vor uns war nur noch die Wildnis Borneos – und irgendwo in ihr das geheime Lager.

Zwischendurch kam ich mir auf dem Fluss so vor, als hätte man mir einen Sack über den Kopf gezogen; derart dunkel war es. Und vermutlich war das unseren Gastgebern, den Ape Defenders (den Affen-Verteidigern), nur recht. Die genaue Lage durfte kein Besucher wissen. Es gab angeblich Morddrohungen. Ein Kontaktmann in Deutschland hatte uns die Einladung verschafft.

Was würde mein Team und mich die nächsten Tage erwarten? Während das Boot weiter flussaufwärts jagte, holte ich mein Handy aus der Tasche, um eine letzte SMS nach Deutschland zu schicken. Kein Empfang.

Borneo ist eine der größten Inseln der Welt, doppelt so groß wie Deutschland. Es ist dünn besiedelt und kaum touristisch erschlossen; was unter anderem daran liegt, dass die Küste aus Sümpfen und Schwemmland besteht und damit fast unzugänglich ist. Ein Glück. Denn nach dem Amazonas- und Kongobecken hat Borneo das größte Regenwaldgebiet der Erde. Hier leben Zwergelefanten, Tiger und eine extrem seltene Nashornart. Außerdem ist Borneo die Heimat der Waldmenschen, oder auf Malayisch: der Orang-Utans. In freier Wildbahn leben die Menschenaffen heute nur noch auf Borneo und Sumatra.

Allerdings sind die Rieseninseln auch das Zentrum eines neuen Ölrauschs. Und der gefährdet natürlich diese einmalige Natur. Wir Europäer haben den ganzen Prozess wieder mal erst in Schwung gebracht. Auf Borneo zeigt sich, dass eine vermeintlich nachhaltige Energiepolitik am anderen Ende der Welt blutige Folgen haben kann. Und dass das Wort Bio manchmal das genaue Gegenteil von umweltfreundlich bedeutet.

Biodiesel, also nachwachsender Treibstoff, schießt in Deutschland aus allen Zapfhähnen. Vermischt mit fossilem Benzin soll er Verbrennungsmotoren weniger klimaschädlich machen. Er gilt als erneuerbare Energiequelle. Aber er besteht zu etwa einem Viertel aus Palmöl. Und das kommt größtenteils aus Indonesien, zu dem Sumatra und zum Großteil auch Borneo gehören. Regenwald wird dort in gigantischem Stil zurückgedrängt. Seit die Europäische Union ihren Mitgliedsländern vorschreibt, Biosprit in den Kraftstoff zu mischen, haben Palmölfirmen in Indonesien ein perfektes, krisensicheres Investment gefunden. Die Entwaldung kann ihnen gar nicht schnell genug gehen.

## EINE SCHULE FÜR DIE WALDMENSCHEN

Das Boot, in dem ich saß, sollte mich also nun zu einer Truppe bringen, die auf ihre Art die wahnwitzigen Folgen fehlgeleiteter Umweltpolitik bekämpfte. Nach vierzig Minuten auf dem Fluss waren wir da. Das Lager war eines von mehreren, die das COP, das »Centre for Orangutan Protection«, auf Borneo hat. Vom Flussufer führten ein paar nasse Holzstufen steil nach oben. Dort hatten die Aktivisten, knapp unterhalb der Grenze zum Dschungel, eine Art mehrstöckiges Baumhaus in den Hang gezimmert. Auf drei Stockwerken hockten junge Frauen und Männer im Kerzenlicht. Das COP bestand aus den Ape Defenders, den Ape Warriors (den Affen-Kriegern) und den Ape Crusaders (Affen-Kreuzrittern), die über Indonesien verteilt agierten.

**DIE BILDER ABGEMAGERTER AFFEN ERZEUGEN BEI MENSCHEN MEHR MITGEFÜHL ALS FOTOS VON GERODETEM WALD.DAS ZIEL WAR ES, DIE GRAUSAMKEITEN ZU DOKUMENTIEREN UND »ALS MUNITION GEGEN DIE PALMÖLKONZERNE« ZU VERWENDEN.**

Die martialischen Namen täuschten. Die jungen Leute sprangen auf, winkten und halfen uns mit dem Gepäck, als sie uns nassgeschwitzt aus dem Boot steigen sahen. Die meisten sahen aus wie Anfang zwanzig; ein paar Frauen trugen Kopftuch, alle hatten orangefarbene langärmelige Shirts an. So versteckt das Lager war, so auffällig sah die Uniform aus. Sie wussten, wie man Marketing macht. Auf Facebook folgen dem COP hundertzwanzigtausend Menschen aus der ganzen Welt.

## EINE SCHULE FÜR DIE WALDMENSCHEN

Der Indonesier Hardi Baktiantoro hatte die Organisation zehn Jahre zuvor gegründet. Als Fotograf, der viel Zeit in der Natur verbrachte, wusste er: Die Bilder abgemagerter Affen erzeugen bei Menschen mehr Mitgefühl als Fotos von gerodetem Wald. Orang-Utan und Mensch haben genetisch zu siebenundneunzig Prozent dasselbe Erbgut; das Unterbewusstsein reagiert darauf. Hardi Baktiantoros Ziel war es, die Grausamkeiten zu dokumentieren und »als Munition gegen die Palmölkonzerne« zu verwenden, wie er sagte.

**GROSSKONZERNE WEISEN GERNE DARAUF HIN, DASS PALMÖL LEIDER UNERSETZLICH SEI, WEIL ES SO VIELSEITIG IST. WAS ES IN WAHRHEIT ZUM PERFEKTEN ROHSTOFF MACHT, IST ETWAS ANDERES: ES IST VERDAMMT BILLIG.**

Dieser Mann saß nun im Schneidersitz auf dem mittleren Deck und telefonierte. Er war um die Vierzig, hatte kurzes, grau gesprenkeltes Haar auf dem breiten Kopf und ein jungenhaftes Gesicht. Als wir die Stufen heraufkamen, legte er das Handy weg und erhob sich. »Willkommen in Kalimantan«, sagte er mit überraschend zarter Stimme. Kalimantan ist der indonesische Name für Borneo. Er legte uns kurz den Plan für die nächsten Tage dar, den er gerade noch telefonisch fixiert hatte. Dann rief er ein paar Worte auf Indonesisch in Richtung eines Verschlags hinter sich, offenbar der Küche. »Seid ihr hungrig?« Wir setzten uns im Schneidersitz um eine Kerze, jemand holte eine Gitarre raus, und während wir aßen, erzählte uns Hardi von seinem Kampf.

Wer sich auf Borneo im Auto von den Städten wegbewegt, erkennt sofort, dass etwas Grauenhaftes geschieht. Nah an den Ortschaften, wo die Rodungen schon ein paar Jahre zurückliegen, durchquert man ein endloses Spalier gedrungener Palmen, in Reihen angeordnet wie Kreuze auf einem Soldatenfriedhof. Das sind die Pflanzen, auf denen das Geld wächst.

Hat man die Plantagen hinter sich gelassen, liegt das hügelige Land vor einem wie ein erlegtes Tier, dem gerade das Fell abgezogen wird. Der dunkelgrüne Regenwald weicht einer pockennarbigen Lehmwüste. Verkohlte Baumstümpfe ragen auf; gelegentlich sitzen einsame Kakadus darauf. In Kratern sammelt sich schmutziges Wasser, am Horizont wehen Rauchfahnen. Das ist die Front, an der die Aktivisten des COP operieren.

Die Ölpalme kommt ursprünglich aus Afrika. Ihre traubenartigen Nüsse ergeben ein Fett, das sich stark erhitzen lässt und dabei, richtig verarbeitet, geschmacksneutral ist. Es ist vielseitig nutzbar. Großkonzerne weisen gerne darauf hin, dass es deshalb leider unersetzlich sei. Aber das ist nicht die ganze Wahrheit; andere Pflanzenöle haben ähnliche Eigenschaften. Was das Palmöl in Wahrheit zum perfekten Rohstoff macht, ist etwas anderes: Es ist verdammt billig. Es wächst ausschließlich am Äquator, also in einer Region, in der größtenteils Armut herrscht. Und wo Arbeitskraft so gut wie nichts kostet. Ein indonesischer Pflücker verdient im Monat knapp hundert Euro.

**DAS FUNDAMENT, AUF DEM DIE SENSATIONELLE ERFOLGSGESCHICHTE DER ÖLPALME STEHT, IST AUSBEUTUNG.**

Erst diese Tatsache macht Palmöl so attraktiv. Der konkurrenzlose Preis hat es zum meistproduzierten Pflanzenöl der Welt gemacht, mit sechsundsechzig Millionen Tonnen pro Jahr, die in Süßigkeiten, Tiefkühlpizzen, Duschgels, Hautcremes und eben auch in Autotanks landen. Das Fundament, auf dem die sensationelle Erfolgsgeschichte der Ölpalme steht, ist Ausbeutung.

Leider ist die Gegend, in der die Pflanze wächst, auch diejenige, in der das artenreichste Ökosystem des Planeten steht: der Regenwald. So konkurriert das Industrieöl mit dem wertvollsten Stück Natur. Auf achtundzwanzig Millionen Hektar, also etwa Dreiviertel der Fläche Deutschlands, wachsen heute Ölpalmen. Seit 1990 hat sich die Fläche verfünffacht. Die letzten frei lebenden Orang-Utans werden in zehn Jahren verschwunden sein, wenn es so weitergeht.

Als junger Mann, erzählte Hardi, hatte er mal ein Jahr als Fotograf in einem Reservat für Menschenaffen gejobbt. In jenem Jahr allein zogen Helfer mehr als zweihundertfünfzig verstümmelte und verstörte Orang-Utans aus den qualmenden Resten von Waldgebieten, die gerade für neue Plantagen platt gemacht wurden.»Und das war ja nur der Teil, der überlebt hat«, sagte Hardi. Die meisten davon waren jung. Erwachsene Tiere metzeln die Waldarbeiter oft sofort mit Macheten nieder. Hardi beschloss, dass er etwas tun musste. Und dass fotografieren allein nicht reichte.

Tatsächlich machte das COP noch deutlich mehr als Bilder. Das sah ich am nächsten Tag. Frühmorgens wuschen wir uns im Fluss. Dann führte uns ein junger Aktivist namens Reza, der ein Stellvertreter von Hardi zu sein schien, zu dem Verschlag, der als Küche diente. Ein Berg Bananen, Papayas und Ananas türmte sich dort:»Frühstück für die Insel!« Wir hackten das Obst mit Macheten in grobe Stücke, die wir dann in Körben auf eines der Boote brachten. Reza stieg mit mir ein. Er war ein groß gebauter Biologe aus Jakarta – Mitte zwanzig – und hatte ein schrilles, ansteckendes Lachen, das alle paar Minuten durch den Dschungel hallte.

Nach zwanzig Minuten Fahrt durch den Regenwald gabelte sich der Fluss. In der Mitte lag eine schmale Insel von etwa zweihundert Metern Länge. Bis auf einen schmalen Kiesstreifen war sie

dicht mit Dschungel bewachsen. Ein paar Meter vom Ufer entfernt stoppte der Fahrer das Boot, sprang ins flache Wasser und hielt es mit beiden Händen fest, um uns auf Höhe zu halten. »Näher können wir nicht ran«, rief Reza und begann, Bananen und Papayastücke auf den Kiesstrand zu werfen.

Es dauerte nicht lang, da knackten Äste. Der erste Inselbewohner trat aus dem Dickicht an den Strand und bückte sich gelangweilt nach einer geviertelten Ananas. Ein junger Orang-Utan. Kurz darauf kamen drei weitere aus dem Wald getrottet und begannen, scheinbar gedankenverloren Obst zu fressen. Die Sache nahm erst an Fahrt auf, als ein etwas größerer Orang-Mann dazukam, der eine erkennbare Vorliebe für die kleinen süßen Bananen hatte. Wann immer eine von ihnen vor einem anderen Affen landete, rannte er auf ihn zu und rang ihm mit Gewalt die Banane aus den Händen, puhlte sie teilweise sogar aus dem Mund. Was dazu führte, dass sich bald nur noch die mutigsten Affen trauten, Bananen zu sammeln – und das auch nur, wenn der Große gerade nicht guckte. »Das ist Herkules«, erklärte Reza. »Momentan ist er der älteste auf der Insel.«

In diesem Moment merkte ich, dass ich seit zehn Minuten doof grinste. Das war der Affen-Effekt. Er hatte mich schon als Kind magnetisch vor dem Gehege im Zoo gehalten und ließ mich bis heute jedes Mal mit offenem Mund stehen bleiben, sobald auf einem Parkplatz in Asien eine Horde Makaken rumsaß. Ich konnte da ewig zuschauen: die Art, mit der sich Primaten bewegten, wie haarige Clowns, die Menschen nachzuahmen schienen. Bei Orang-Utans, merkte ich, war der Effekt besonders stark. Die Körpergröße, der fast aufrechte Gang und die Gesichtsausdrücke, die man sofort als neugierig, ratlos oder fröhlich interpretieren konnte, machten es mir fast unmöglich, diese Tiere nicht zu vermenschlichen.

Auf der Insel lebten insgesamt neun von ihnen. Sie waren zwischen fünf und fünfzehn Jahre alt. Die COP-Aktivisten hatten sie dort ausgesetzt. Orang-Utans sind wasserscheu, sie konnten also nicht weg. Das bedeutete einerseits, dass sie auf der Insel davor geschützt waren, sich zu verirren und auf einer Plantage zu landen. Andererseits gab es dort genug Bäume, um ein Leben im Urwald zu simulieren. Nach ein paar Jahren sollten die Affen dann in der Lage sein, alleine in der Wildnis zu leben. Es war eine Art Auswilderungs-Trainingscamp für halbwüchsige Affen. Nur Futter bekamen sie jeden Tag noch von Menschen.

Die Insel war ein wichtiger Teil der Arbeit des COP. Die Organisation kämpfte nicht nur gegen die Vernichtung der Affen und ihres Lebensraums, sondern betrieb auch Auffangstationen. Tauchten auf Palmölplantagen verirrte Orang-Utans auf, rief die indonesische Wildtierbehörde oft beim COP an. Die Aktivisten in den orangefarbenen Shirts brachten das Tier dann in eine der versteckten Schutzstationen, von denen es mehrere auf Borneo und Sumatra gab – halb Waisenhaus, halb Flüchtlingsheim. Von dort kamen die Tiere, sobald sie alt genug waren, auf die Insel. Dann war es nur noch ein Schritt in die Freiheit eines Reservats.

Die Körbe im Boot waren leer. »Verabschiede dich«, rief Reza und winkte lachend. »Es geht weiter ins Camp!« Er gab ein Kommando durchs Walkie-Talkie und der Bootsführer ließ den Außenborder an. Nach einer weiteren Dreiviertelstunde auf dem Fluss kletterten wir mit Reza an Land und auf die Ladefläche eines schlammverspritzten weißen Pick-ups, auf dessen Motorhaube das überdimensionale Gesicht eines Orang-Utan klebte. Der Wagen rumpelte endlos lang über eine gewundene Forststraße durch den Dschungel.

Irgendwann blieben wir stehen. Neben uns parkte ein identischer Pick-up. Sonst wies nichts darauf hin, dass hier irgendetwas besonders war. Ein kaum erkennbarer Pfad führte bergab in den Wald. »Hier entlang«, rief Reza und verschwand im Dickicht. Ich folgte ihm, über beindicke Wurzeln und quer durch Bachbetten.

Schon nach wenigen Schritten schloss sich über uns ein dichtes Blätterdach. Obwohl es früher Nachmittag war, bekam das Licht einen dämmrigen Graustich. Die Luft wurde um hundert Prozent feuchter und heißer, die Klamotten verschmolzen mit dem Körper. Ich liebe tropisches Klima. Aber Regenwaldluft ist etwas anderes. Sie fühlt sich so nass an, als würde man darin ertrinken.

Irgendwann hörte ich das Klappern von Kochgeschirr. Vor uns öffnete sich eine kleine Lichtung. Holzstämme waren senkrecht in den schlammigen Boden gerammt. Darauf standen vier Holzbaracken: eine Küche, ein Bad, ein Wohnhaus, ein Schlafhaus, mit Stegen verbunden. Wobei das Wort Haus ein falsches Bild erzeugt, es waren eher offene Gerüste mit Dach. Nur das Bad hatte Seitenwände. Das war das »Rehabilitation Centre« des COP, das Waisenhaus im Wald. Ein zahmer Nashornvogel hüpfte uns entgegen.

Hardi, der nicht den Umweg über die Insel genommen hatte, wartete schon auf uns. Er rauchte in der offenen Küche eine Nelkenzigarette und unterhielt sich mit einer Tierärztin, die eine Nuckelflasche für Säuglinge spülte. »Unsere jüngste Bewohnerin ist erst ein Jahr alt«, sagte sie.

> **BRENNEN DIE ARBEITER EIN WALD-STÜCK NIEDER, KÖNNEN SIE DIE WEIBCHEN, DIE AUF DEM BODEN VOR DEM FEUER FLIEHEN, MIT MACHETEN TÖTEN. DIE JUNGTIERE, DIE WIRKLICH UNVERSCHÄMT NIEDLICH SIND, LANDEN AUF EINER ART EBAY.**

Das Camp hatte keinen Strom. Nach Einbruch der Dunkelheit ließen die Ape Defenders einen kleinen Generator laufen. Für zwei Stunden versorgte er ein paar Glühbirnen mit Strom. In dieser Zeit setzten sich alle Bewohner an eine lange Tafel im Wohnhaus zum Essen. Danach verschluckte eine Dunkelheit das Camp, wie ich sie nicht mal in der Nacht zuvor auf dem Fluss erlebt hatte. Kein Mondstrahl schaffte es durch das zwanzig Meter dicke Blätterdach. Dafür begann für ungefähr hundert Milliarden Tiere die Rushhour; so kam mir das jedenfalls vor. Sobald der Generator mit einem Gurgeln zur Ruhe gekommen war, zirpte, krächzte, krachte, knackte, schrie und brüllte es. Egal wohin ich den Strahl meiner Stirnlampe richtete, irgendein kleiner Körper rannte, hüpfte, flatterte oder kroch schnell in die Dunkelheit. Wer, wie ich, schon tagsüber im Dschungel tendenziell Angst hat – vor Spinnen, Schlangen, Käfern, Tausendfüßlern und sonstigen Viechern –, der sollte ihn schleunigst verlassen, bevor es dunkel wird.

Im Schlafhaus bot man uns Gästen freundlicherweise die Stockbetten an. Im Gegensatz zu den dünnen Matten, auf denen die Aktivisten schliefen, verfügten sie über Moskitonetze, die zwar alt und löchrig waren, aber immerhin. Ich zwängte mich in meinen Schlafsack und hoffte auf einen komatös tiefen Schlaf, bis es wieder hell wäre. Ungefähr in diesem Moment setzte ein sintflutartiger Regen ein. Das Trommeln auf dem Wellblechdach übertönte sogar den Lärm des Dschungels. Umso besser, dachte ich und griff zu meiner Stirnlampe, um sie auszuschalten. Da sah ich durch die faustgroßen Löcher im Moskitonetz zwei ungefähr genauso große Vogelspinnen, die sich direkt über mir auf zwei Balken ins Trockene gerettet hatten. Ich war am nächsten Tag etwas unausgeschlafen.

Nach dem Frühstück standen für jeden von uns Gummistiefel bereit. Und eine Packung mit diesen hellblauen medizinischen Gesichtsmasken. »Die Orangs sind uns genetisch *so* ähnlich«, erklärte uns Hardi, »egal was für Keime wir haben, sie stecken sich sofort an.« Wir folgten ihm, Reza und einer Gruppe von Tierpflegern durch den schmatzenden Schlamm aus dem Camp hinaus; tiefer in den Wald, wo die Affen versteckt waren.

Seit in Indonesien jedes Jahr mehr Wald dem Palmöl zum Opfer fällt, haben die Baumfäller ein neues Nebeneinkommen entdeckt. Sie verkaufen Haustiere. Orang-Utan-Kinder sind extrem lange abhängig von ihren Müttern. Sie trinken etwa sieben Jahre lang von der Brust, bevor sie auch nur daran denken, alleine zu leben. Das bedeutet, dass ausgewachsene Weibchen fast immer ein Jungtier mit sich herumtragen. Und für solche Jungen bekommt man auf dem Schwarzmarkt viel Geld. Brannten die Arbeiter ein Waldstück nieder, konnten sie die Weibchen, die auf dem Boden vor dem Feuer flohen, mit Macheten töten. Das Fleisch aßen oder verkauften sie. Die Jungtiere, die sich instinktiv ins lange Fell der Mutter krallen, waren sozusagen der Bonus. Über Zwischenhändler landeten die Babys, die wirklich unverschämt niedlich sind, auf einer Art eBay. Wohlhabende Kunden konnten sie dort bestellen wie Kanarienvögel im Zoohandel. Viele Baby-Orangs gehen in die arabischen Emirate.

Alle zwei Wochen tourte Reza mit Kolleginnen durch die entlegenen Siedlungen am Rande der Plantagen und sprach mit den Menschen. Hielt jemand einen Orang-Utan als Haustier, erklärten sie, wie gefährdet die Tiere waren – es gibt nur noch etwa hundertzwanzigtausend –, und dass hohe Geldstrafen darauf standen, sie als Haustier zu halten. Oft gaben die Besitzer die Tiere dann freiwillig ab. »Es ist eine Frage der Bildung«, sagte Reza. »Die meisten wissen weder, wie selten Orang-Utans sind, noch wie groß und gefährlich sie nach ein paar Jahren werden.« Die Affen werden leicht sechzig Jahre alt und haben ungeheure Kraft in den Armen. Nach der niedlichen Babyphase verkümmern sie oft jahrzehntelang in viel zu kleinen Käfigen.

Außerdem verteilte das COP Flyer mit einer Telefonnummer, unter der man anonyme Hinweise geben konnte. Reza hatte schon Jungtiere aus Kinderzimmern befreit, die Windeln, Puppenkleider und Schnuller trugen. Einmal hatte er ein fast ausgewachsenes Weibchen gerettet, das der Besitzer einer Kneipe zum Spaß mit Lippenstift und Rouge geschminkt und in Reizwäsche gesteckt hatte. Die Geschichte vom angeblichen Orang-Utan-Puff ging weltweit durch die Boulevardpresse.

Wir kamen an einer zweiten Lichtung an. Vier riesige Gitterkäfige standen auf Betonsockeln. Es roch nach überreifen Bananen und Urin. Ein Pfleger öffnete eine Tür und fünf kleine Gestalten kletterten aus dem Käfig und guckten sich um. Das waren Michelle, Pingpong, Owi, Bonti und Happi. Noch viel mehr als am Vortag auf der Insel war ich geschockt von der Ähnlichkeit, die diese Tiere mit uns Menschen haben. Die jungen Orangs sahen aus wie Kleinkinder mit den Gesichtern von Großvätern.

Während sie mich skeptisch anguckten, streckten sie die Arme zu den Pflegern aus, um getragen zu werden. Nur das größte Affenkind, Michelle, blieb am Boden und reichte einer Pflegerin wie selbstverständlich die Hand. »Michelle ist in der Pubertät«, sagte Hardi. »Seit ein paar Monaten will sie unbedingt selbst laufen. Aber sie möchte dabei an der Hand gehalten werden.« Als alle Affen an einen Menschen gedockt waren, setzte sich die Gruppe in Bewegung. »Die Waldschule ist zehn Minuten von hier«, sagte Reza, dem einer der Kleinen huckepack auf dem Rücken saß.

Die Schule war natürlich kein Gebäude. Sondern eine kleine Fläche im Wald, in der junge, noch niedrige Bäume standen und das Unterholz mit Macheten getrimmt war. Die Pfleger hatten ein paar Hängematten aufgehängt, auf denen sie sitzen konnten. Der Unterricht bestand darin, dass sie den Äffchen einzeln dabei halfen, auf Bäume zu klettern. Sie taten im Grunde das Gleiche wie menschliche Eltern auf dem Spielplatz. Einige Affen waren so ängstlich, dass die Pfleger sie an niedrige Äste hängen mussten. Aber sie lernten schnell.

»Orang-Utans in der Wildnis brauchen bis zu neun Jahre, bis sie ohne ihre Mutter im Wald überleben«, erklärte mir Hardi. Er machte mit einer Spiegelreflexkamera ein paar Fotos von den Schülern. »Von der Mutter lernen sie zu klettern, essbare Früchte zu finden, ein Nest zum Schlafen zu bauen. Diese Lektionen fehlen, wenn die Mutter nicht mehr lebt.« Will man die Jungtiere irgendwann wieder in einem Reservat aussetzen, muss man sie mit dem Leben im Wald vertraut machen. Dafür war die Schule da. Mit den Fotos dokumentierte Hardi den Lernfortschritt, den er später online posten würde. Das COP finanzierte sich komplett durch Spenden.

Was hier so niedlich aussah, war ein Wettlauf gegen die Zeit. Lernten die Affen nicht in der Kindheit, sich selbst zu versorgen, wartete ein Leben in Gefangenschaft auf sie. In drei der großen

Käfige im Camp saßen solche Fälle: Ambon, Debby und Memo. Sie waren zwischen achtzehn und fünfundzwanzig Jahre alt, hatten längst Armspannweiten von zwei Metern und genug Kraft, um einem Menschen den Arm auszukugeln. Sie hatten ihr Leben in einem indonesischen Zoo verbracht, bis der pleiteging. Für sie war der Regenwald ungefähr so fremd wie für mich. Und jetzt war es zu spät. Die drei ausgewachsenen Affen saßen lebenslänglich.

> **WAS ÜBERWOG? DIE HINGABE, MIT DER EIN PAAR MENSCHEN SICH HIER TAG UND NACHT UM HILFLOSE TIERE KÜMMERTEN? ODER DIE FRUSTRATION, DASS ALL DAS ÜBERHAUPT NUR NÖTIG WAR, WEIL MILLIONEN ANDERER MENSCHEN RÜCKSICHTSLOS UND GIERIG WAREN?**

Es ist schwer zu beschreiben, was in den nächsten Stunden passierte. Aber ich glaube, so fühlt sich ein Praktikant im Kindergarten, der allmählich lernt, welche Dynamik in einer Gruppe herrscht. Michelle, die älteste, hing die meiste Zeit in fünf Metern Höhe an Ästen und beachtete uns nicht – bis sie einer Pflegerin in einem unachtsamen Moment den Kugelschreiber entriss und ihn erst gegen ein Lösegeld von drei Bananen zurückgab. Pingpong, der zweitälteste, war ein schüchterner, dünner Eigenbrötler, der permanent auf dem Schoß eines Pflegers oder direkt neben mir sitzen wollte. Einmal starrte er mich aus ernsten Augen minutenlang nachdenklich an, um dann mit der Konzentration eines Herzchirurgen das kleine Ansteckmikrofon aus meinem Kragen zu zupfen und vorsichtig zu untersuchen.

Owi, nur halb so groß, war der Draufgänger der Gruppe. Schon nach zehn Minuten im Wald fing er an, von hinten an unseren Hosen zu ziehen und dann prustend und Purzelbäume schlagend wegzurennen. Der gleichaltrige Bonti war viel ängstlicher; aber er war offensichtlich sein bester Freund. »Ein Waldarbeiter hat Owi vor einem Jahr auf einer Plantage gefunden«, erklärte mir Hardi. »Bonti wurde erst vor kurzem bei uns abgegeben. Er war total schwach. Irgendwie hat Owi für ihn eine Mutterrolle eingenommen.« Er gab ihm freiwillig die Hälfte seiner Bananen. Aber die meiste Zeit gingen sie Arm in Arm, Gesicht an Gesicht über den Waldboden.

Was mich fast noch mehr rührte, war die Geduld der Pflegerinnen und Pfleger. Eine Frau trug den gesamten Tag Popi auf dem Arm, ein einjähriges Baby mit Nuckelflasche. Die Hälfte der Mitarbeiter waren Freiwillige; sie studierten in Jakarta und halfen in den Semesterferien hier mit. Alle paar Monate rotierte die Belegschaft; dann übernahm ein anderes COP-Team die Stellung im Wald. Zurück in Jakarta, kümmerten sich die Freiwilligen um Spendenaktionen und Social Media.

Und ich? Steckte in einem emotionalen Dilemma. Ich wusste nicht, ob mich die Sache nun eher freuen oder deprimieren sollte. Was überwog? Die Hingabe, mit der ein paar Menschen sich hier Tag und Nacht um hilflose Tiere kümmerten? Oder die Frustration, dass all das überhaupt nur nötig war, weil Millionen anderer Menschen rücksichtslos und gierig waren? Oder ahnungslos. Am Ende entschied ich mich für einen knappen Punktsieg der Hoffnung. Die allermeisten von uns, die diesen Wahnsinn durch ihren Konsum unterstützten, taten es ja wirklich unbewusst. Wer einmal Popi mit ihrer Nuckelflasche gesehen hatte, konnte auf die Nuss-Nougat-Creme mit Palmöl zum Frühstück verzichten.

Am Abend schüttete es wieder. Aber wir brauchten Strom und Handyempfang. Also fuhr Reza mit uns eine Dreiviertelstunde durch den Platzregen ins nächste Dorf. Es gab dort zwei Straßenlaternen, ungefähr sechs Häuser und einen Laden, der einer Bekannten gehörte. Dort hängten wir die Akkus unserer Kameras an eine Steckdose und setzten uns auf den Boden. Die Frau brachte uns dickflüssigen Kaffee und erzählte, wie sich die Gegend verändert hatte. Sie war froh über den Regen. Denn seit der Wald verschwand, wurden die Trockenzeiten immer länger. Die Menge an Reis, Mais und Maniok, die die wenigen verbliebenen Bauern auf ihren kleinen Feldern ernteten, ging zurück. Das Schlimmste aber sei der Rauch. Manchmal könne man tagelang die Sonne nicht sehen.

Was sie beschrieb, waren die Folgen der Brandrodung. Auf Satellitenbildern von Borneo sieht man überall quadratkilometergroße Rauchschwaden. 2015 verschwanden aufgrund von außer Kontrolle geratenen Bränden große Teile der Insel über Monate unter einer massiven Rauchglocke. Eine Katastrophe nicht nur für die Natur. Mehr als fünfzig Mikrogramm Feinstaub pro Kubikmeter Luft gelten als gesundheitsschädlich. Auf Borneo maß man stellenweise dreitausend Mikrogramm. Die Krankenhäuser waren überfüllt. Säuglinge erstickten. Eine Harvard-Studie schätzte später, dass allein in diesen Monaten hunderttausend Menschen an den direkten oder indirekten Folgen des Rauches gestorben waren.

Die Brände waren auch deshalb so katastrophal, weil der Regenwald auf Borneo auf Torfböden wächst. Torf ist kohlenstoffreich, lässt sich schwer löschen und schwelt unterirdisch weiter. Vor allem aber sind Torfmoore die größten an Land liegenden Kohlenstoffspeicher der Erde. Legt man sie trocken, indem man den Regenwald darüber abholzt, entweicht nicht nur das $CO_2$, das der Wald gebunden hat. Auch der Boden entlässt über Jahre hinweg massenweise Klimagas.

Hier ein kleiner Einschub. Tropische Öle für die Biosprit-Herstellung sind, wie gesagt, besonders günstig. Da sie aber nahezu komplett auf Regenwaldflächen angebaut werden, dauert es Schätzungen zufolge mindestens fünfundsiebzig Jahre, bis die Klimabilanz neutral ist. Auf Torfböden sogar sechshundertneunzig Jahre. Der sogenannte Biosprit, dessen verpflichtende Beimischung die rot-grüne Koalition seinerzeit als großen Erfolg für die Umwelt verkauft hat, frisst also nicht nur das artenreichste Ökosystem des Planeten weg. Er ist, wenn man seine Flächennutzung mit einrechnet, sogar dreimal klimaschädlicher als fossiler Treibstoff. Die Lösung kann hier also nur nachhaltig produzierter Strom oder Wasserstoff sein – und entsprechende Autos.

Aber wie erwähnt landet Palmöl nicht nur im Tank. Ein Viertel der importierten Menge kommt in Lebensmittel; meistens in die billigen. Den Rest verwendet die Fleisch-, Pharma- und Kosmetikindustrie. Bisher haben die Konzerne noch zu wenig Imageprob-

leme deswegen. Zu wenige Kunden machen sie dafür verantwortlich, den Regenwald, das Klima und das Leben Hunderttausender Orang-Utans für ihren Profit zu zerstören. Aber das ändert sich immer mehr. Viele Marken werben inzwischen damit, dass ihre Produkte palmölfrei sind.

Es gibt auch Siegel für nachhaltige Palmöle. Einige Großkonzerne haben sich zum Beispiel das RSPO-Label auferlegt; dabei sind sämtliche Regeln darin freiwillig und werden nicht unabhängig überprüft. Viele Umweltorganisationen halten das Siegel für Greenwashing. Der Verein Rettet den Regenwald nennt es sogar eine »Täuschung der Öffentlichkeit«. Inzwischen gibt es jedoch Bio-zertifizierte Produkte, die in Kombination mit Fairtrade-Siegeln sinnvoll sein können.

Unsere Akkus waren geladen, die Kaffeetassen leer. Wir fuhren im Pick-up zurück ins Camp. Reza erzählte, dass auch hier auf Borneo viele junge Männer die Landwirtschaft aufgaben und auf den Plantagen arbeiteten. Das war die nächste Stufe des Problems. Kleinbauern verkauften ihre Felder und gingen in schlecht bezahlte Jobs. Damit verloren sie die Möglichkeit, Lebensmittel selbst zu produzieren. »Das Öl bringt wenigen Menschen in unserem Land sehr, sehr viel Geld«, sagte Reza. »Aber der Mehrheit bringt es nichts als Armut und Abhängigkeit.«

Seit meiner Rückkehr hat die EU auf öffentlichen Druck hin zwei wichtige Schritte unternommen. Palmöl im Treibstoff gilt offiziell nicht mehr als nachhaltig. Ab 2023 wird die Beimischung reduziert, ab 2030 abgeschafft. Und Europa hat Zölle auf indonesisches Palmöl eingeführt. Die indonesische Regierung ist darüber erbost und hat angekündigt, den Exportverlust auszugleichen, indem sie den Anteil von Palmöl in indonesischem Treibstoff erhöht – auf hundert Prozent. Während europäische Autofahrer also bald weniger Regenwald auf dem Gewissen haben werden, tankt man in Indonesien wohl bald pures Palmöl.

Im Herbst 2019 tobten mal wieder Waldbrände im Osten Borneos. Auch in der Provinz Berau, in der das Waisenhaus und die Waldschule liegen. Die Aktivisten des COP rückten mit kleinen Lastwagen an, auf die sie mit Spanngurten Plastikfässer mit Wasser geschnallt hatten. Mit Gartenschläuchen versuchten sie Tag und Nacht, das Feuer von den Käfigen fernzuhalten. Ich fieberte über Instagram mit. Jeden Morgen sah ich, wie die Pfleger und ein Dutzend Freiwilliger in verrußten orangefarbenen Shirts erschöpft nebeneinander auf dem Boden des Schlafsaals lagen, in dem ich mich damals vor Spinnen gefürchtet hatte. Am Ende hatten sie Erfolg. Und Glück. Als das Feuer noch einen Kilometer von der Waldschule entfernt war, fing es an zu regnen.

Ein paar Monate später brach Corona über die Welt herein. Die Vernichtung von natürlichem Lebensraum und die Nähe des Menschen zu Wildtieren sind Hauptursachen der Pandemie. Aber anstatt nun umzusteuern, hat die indonesische Regierung ein Wirtschaftspaket verabschiedet, das das Gegenteil bewirken dürfte. Es erleichtert Firmen die unbürokratische Rodung von Regenwald. Millionen junge Indonesier protestierten monatelang vergeblich dagegen. Palmölplantagen nehmen im Land inzwischen mehr Fläche ein als die Insel Java, auf der siebzig Prozent der Bevölkerung leben. Nach Borneo und Sumatra, die heute weitgehend entwaldet sind, plant die Industrie die Expansion in den Osten des Landes. Auf Neuguinea ist der Dschungel noch fast unangetastet. Der Ölrausch geht weiter.

# SMARTPHONES AM LAUFENDEN BAND

Um ein Uhr mittags wurde es plötzlich finster. Jeremy saß gerade an seinem Schreibtisch und beugte sich konzentriert über einen Apparat, der aussah wie ein Sarg für winzige Roboter. Darin lag ein Smartphone. Die Rückseite war abgeschraubt und gab den Blick auf die Innereien des Apparats frei. Jeremy wollte mir zeigen, wie er an seinem Computer in einem unglaublich kompliziert aussehenden Programm ein fingernagelgroßes Bauteil in dem Gerät programmierte. Ich verstand wenig, aber nickte. In dem Moment wurde es um uns herum schwarz.

Vor den Fenstern senkten sich schwere Rollladen. Gleichzeitig fingen die Deckenlampen an zu flackern und erloschen. Mit einer schnellen Bewegung knipste Jeremy seine zwei Monitore aus und tauchte ab unter den Tisch.

Was war das hier? Eine Terrorübung, ein Bombenalarm? Hatte die Chefetage beschlossen, dass der deutsche Journalist nun genug dumme Fragen gestellt hatte? Da kam Jeremy wieder unter der Tischplatte hervor. Er zog ein Aluminiumgestell hinter sich her. Und, klick-klack: Da stand ein Feldbett. »Bitte, für dich. Wenn du möchtest. Wenn nicht, bitte ich dich, leise zu sein und dein Handy lautlos zu schalten. Wir machen jetzt alle eine halbe Stunde Mittagsschlaf.«

Ich hatte vor dieser Reise so einiges für möglich gehalten. Es ging immerhin nach Shenzhen, ins Silicon Valley Chinas. So gut wie alles, was mit Strom funktioniert und uns das Leben bequemer machen soll, kommt zumindest teilweise von hier: Handys, Tablets, Smartwatches, E-Scooter ... Shenzhen ist die Welthauptstadt des Hightech. Ich hatte mir fahrerlose Busse vorgestellt und Essenslieferungen per Drohne. Auch Roboter-Pagen im Hotel hielt ich für denkbar. Dass ein paar hundert ausgewachsene Ingenieure gemeinsam ein Nickerchen hielten, gehörte nicht dazu.

Ich hatte mich bei Huawei eingeladen, dem zweitgrößten Hersteller von Smartphones weltweit – hinter Samsung, vor Apple. Der Ingenieur Ren Zhengfei hat die Firma 1987 mit dreitausend Dollar gegründet. Heute hat der Konzern etwa hundertachtzigtausend Mitarbeiter und verkauft seine Produkte in hundertsiebzig Länder. Das Hauptquartier bildet in Shenzhen ein ganzes Stadtviertel.

Die Stadt wiederum liegt im subtropischen Südosten Chinas, an der Küste, nur ein paar Kilometer entfernt von Hongkong. Vor vierzig Jahren gab es in der Gegend nur eine Handvoll Fischerstädtchen, umgeben von Reisfeldern und Bergen. Seit dieser Zeit hat sich die Zahl der Menschen im Großraum von Shenzhen, je nach Schätzung, verhundert- bis vertausendfacht. Auf knapp dreißig Millionen. Das Wachstum dieser Stadt ist völlig übertrieben, unmöglich, außer vielleicht in einem Science-Fiction-Roman. Oder eben in China.

Die kommunistische Partei hatte Ende der siebziger Jahre entschieden, in der strategisch gut gelegenen Küstengegend ein Experiment namens freie Marktwirtschaft zu vollziehen. Die Armut im Land war elendig, Millionen Menschen hungerten. In Shenzhen entstand Chinas erste Sonderwirtschaftszone. Das Experiment war umstritten, es galt als riskanter Flirt mit dem verfeindeten System, dem Kapitalismus. Aber der Parteiführer Deng Xiaoping sah es als Chance, das Land aus der Armut zu führen; vielleicht die letzte. Das Militär riegelte die Gegend ab. Sicher ist sicher. Bis 2006 durfte man aus dem Rest des Landes nur mit Visum und Pass einreisen. Heute hat der wirtschaftliche Großraum, in dem sonst auch noch

## SMARTPHONES AM LAUFENDEN BAND

Hongkong und Macau als sogenannte Sonderverwaltungszonen sowie acht weitere Millionenstädte liegen, von denen in Deutschland kaum jemand je gehört hat, eine Wirtschaftsleistung wie ganz Russland. Das Experiment hat China aus der Armut geführt. Und nebenbei Smartphones in die Hosentaschen des halben Planeten gezaubert. Aber zu welchem Preis?

> **»SHENZHEN SPEED« IST IN CHINA EIN STEHENDER BEGRIFF, WENN EINE ENTWICKLUNG WAHNWITZIG SCHNELL GEHT. IN DREI METER HOHE SCHWARZE MARMORPLATTEN ÜBERALL IN DER STADT IST DAS MOTTO EINGRAVIERT: »ZEIT IST GELD. EFFIZIENZ IST LEBEN«.**

Meine Tour begann schon morgens vor dem Hotel. Roboter-Pagen gab es leider nicht, hatte ich am Vorabend festgestellt. Nur Zimmer, in denen bleierner Zigarettengestank aus den Tapeten dünstete. Vor dem Eingang wartete am Morgen ein weißer Elektrobus. Mit Fahrer. Noch so eine kleine Enttäuschung. Daneben standen zwei strahlende PR-Mitarbeiter, ein Mann und eine Frau, beide deutsche Sinologen. Unfassbarerweise waren sie extra für meinen Besuch aus Deutschland eingeflogen worden. Ich fühlte mich geschmeichelt, vielleicht ein bisschen mehr, als man das sollte, wenn man journalistische Distanz zu einem Großkonzern bewahren will. In anderen Worten: Das waren Vollprofis.

Der Bus zoomte geräuschlos und gekühlt durch die Stadt, vorbei an blinkenden Hochhäusern und kathedralengroßen Flagship-Stores westlicher Turnschuhhersteller. Fast alle Motorroller auf der Straße waren elektrisch – subventioniert von der Regierung, um die Luftverschmutzung zu bekämpfen. Die Stadt, die in chinesischer Art die meisten Gebäude schnell hochzieht und alle zehn Jahre wieder abreißt, ist ein Mythos. Für die kommunistische Partei ist sie die Inkarnation der Kraft des chinesischen Staates schlechthin; es gibt Volkslieder, die den Bau der Stadt verherrlichen. »Shenzhen Speed« ist in China ein stehender Begriff, wenn eine Entwicklung wahnwitzig schnell geht. In drei Meter hohe schwarze Marmorplatten überall in der Stadt ist das Motto eingraviert: »Zeit ist Geld. Effizienz ist Leben«.

Wir erreichten ein hohes schwarzes Stahltor, das aussah wie ein Grenzposten. Schlagbaum, Ampeln, bewaffnete Uniformierte. Dahinter: der Campus. Er wirkte, als hätte man ein kalifornisches Privatcollege kopiert und hier wieder eingefügt. Gepflegte Fußwege schlängelten sich durch dickes Grün. An den Sträuchern hingen schwere Hibiskusblüten in den verschiedensten Rottönen. Grüppchen von modisch gekleideten Frauen und Männern eilten am Ufer eines Sees entlang. Darauf trieb eine Gruppe Schwäne.

Jeremy wartete bei sich zu Hause auf mich. Er war achtundzwanzig; Typ fitnessbewusster Nerd. Er trug Wuschelhaare und Karohemd. Eigentlich hieß er Liu Yang, hatte sich aber, wie die meisten jungen Chinesen, die Englisch sprechen, am ersten Tag des Sprachunterrichts einen international klingenden Namen ausgesucht. Sein helles Apartment lag in einem weißen sechsstöckigen Haus in einer Ecke des Campus, in der die Mitarbeiter und Mitarbeiterinnen wohnten. Seine Wohnung hatte keine Küche. Für jede Mahlzeit ging er in eine der drei Mensen.

Wir gingen raus in die Hitze und folgten einem manikürten, mit scheinbar täglich handgeputzten Steinplatten gepflasterten Pfad in Richtung Büros. Dort sollte Jeremy mir zeigen, wie sein Alltag aussah. Die deutschen PR-Menschen folgten in einem Abstand, der zwar diskret wirkte, aber ihnen doch erlaubte, zu hören, was Jeremy sagte. Er hatte als Erster in seiner Familie studiert, erzählte er, Mikroelektronik. Seit drei Jahren war er hier. Natürlich war er »sehr, sehr glücklich« in seinem Job. Und natürlich war die Arbeit »interessant« und die Bezahlung »sehr gut«. »Auf dem Campus gibt es alles, was man braucht. Die Mensa hat von morgens bis abends geöffnet, auch an Wochenenden. Und abends spiele ich mit Kollegen Badminton.« Ich fragte, wofür er dann überhaupt noch den Campus verließ. Er blickte mich kurz verwirrt an. »Tue ich eigentlich nicht. Das letzte Mal draußen war ich« – er schaute in die Krone eines riesigen Bambus – »vor vier Wochen.«

Jeremy war Teil einer neuen Mittelschicht, die in China ab den achtziger Jahren entstanden war. Das Land galt danach als »Werkbank der Welt«. Die Armut sorgte für einen nie endenden Strom billiger ungelernter Arbeiter, die aus dem ganzen Land an die Fließbänder der Metropolen zogen. Diese Wanderarbeiter hatten die Gier der Menschen in den westlichen Industrienationen nach günstigen Spielsachen, Kleidung oder Schuhen gestillt.

> **DIE HIRNE HINTER DEM TECHNIK-BOOM LEBEN IN EINER LUXURIÖSEN BLASE MIT CATERING, FITNESSSTUDIOS UND VOM ARBEITGEBER GARANTIERTEM MITTAGSSCHLAF. ABER DAS IST NATÜRLICH NUR DIE EINE SEITE.**

Ab den späten Nullerjahren ging es dann – vor allem in Shenzhen – um den günstigen Zusammenbau von Smartphones. Jeremy gehörte wiederum zur nächsten Generation; einer Generation ehrgeiziger und perfekt ausgebildeter Ingenieure und Unternehmer, die von Drohnen bis Elektroroller alles Mögliche entwarfen. Es sind die Hirne hinter dem Technik-Boom; sie leben in einer luxuriösen Blase mit Catering, Fitnessstudios und vom Arbeitgeber garantiertem Mittagsschlaf. Aber das ist natürlich nur die eine Seite – die schöne, vorzeigbare. Die andere sollte ich ein paar Tage später sehen.

Es war früh am Morgen. Ich saß auf einem speckigen Ledersitz in einem Taxi Richtung Norden und erinnerte mich an den Rest des Tages mit Jeremy. Man hatte mir im Wesentlichen eine Leistungsschau der Firma Huawei geboten. Jeremy und ich hatten in einer der Mensen gegessen, in der sich die Mitarbeiter per Gesichtserkennung registrierten, bevor sie eines von Dutzenden hervorragender pan-asiatischer Gerichte auswählen konnten. Am Nachmittag hatte ich im Schatten eines Nadelbaums Richard Yu interviewt, den Chef der Mobiltelefon-Sparte von Huawei. Während seine vier Assistentinnen nervös im Hintergrund warteten,

schwärmte mir Yu vor, dass man bald die ersten faltbaren Telefone auf den Markt brächte: »In ein paar Jahren sind Smartphones Roboter ohne Arme und Beine!« Abends nahm Jeremy mich mit zum Badminton; der Campus verfügte natürlich auch über ein riesiges Sportzentrum. Die PR-Mitarbeiter aus Deutschland hatten gute Arbeit geleistet: Ich war erledigt von diesem Feuerwerk der tollen Arbeitsbedingungen.

Vor meinem Taxifenster schob sich der Berufsverkehr vorbei. Wie an allen Rändern von chinesischen Großstädten franste die Metropole in graue, günstig hochgezogene Hochhäuser aus, so regelmäßig angeordnet wie auf einem Schachbrett. Grün war hier nur noch der schmale Streifen Gras in der Mitte der sechsspurigen Ausfallstraße. Ich war ohne die Begleiter unterwegs. Denn Huawei führte Reporter zwar gerne in die Büros der Hightech-Ingenieure – aber die Fabriken, in denen Wanderarbeiter die Smartphones bauten, waren für die Presse tabu. Die Firma war da kein Einzelfall. Auch Samsung und Apple hatten uns abgesagt. Der Zustand der Fabriken schien das gute Bild zu stören, das man in den Medien gerne von sich sehen wollte.

Neben mir saß Aiah, eine unerschrockene junge Journalistin aus Shanghai. Sie dolmetschte für mich und organisierte Interviews. Jetzt beugte sie sich nach vorne und signalisierte dem Fahrer, dass er die nächste Ausfahrt nehmen sollte. Nach tagelangem Telefonieren hatte Aiah tatsächlich eine Fabrik gefunden, die ich besuchen durfte. Einzige Bedingung: Name und Adresse mussten geheim bleiben.

Wir stoppten vor einem der zahllosen Hochhäuser. Von den Wohnblöcken ringsum unterschied es sich nur darin, dass vor den Fenstern keine Wäsche hing. Ein müde aussehender Pförtner rollte eine ziehharmonikaartige Barriere zur Seite – schon waren wir im Hof. Der Chef trat aus einem Eingang; ein kleiner Mann mit Brille und einem sehr eng sitzenden Jackett. Er begrüßte Aiah mit einer

Verbeugung und dann mich mit einem doppelten Handschlag. Das war Herr Yang.

Er führte uns in ein dunkles Treppenhaus mit vernarbten Wänden. Es roch nach Maschinenöl. Ein Lastenaufzug wartete auf uns. Man legte hier offensichtlich wenig Wert darauf, sich für Besucher aus Europa oder die eigenen Angestellten als attraktiver Arbeitgeber zu inszenieren. Das hier war nicht mehr das Silicon Valley Chinas. Das hier war das Manchester; ein Blick in die Nische der globalen Wirtschaft, die China groß gemacht hatte: die billige Herstellung von Produkten, die Ingenieure in anderen Ländern entworfen hatten und billige Arbeitskräfte hier fertigten. Dieses Prinzip hat das Bruttoinlandsprodukt von 1990 bis 2010 jährlich um zehn Prozent wachsen lassen. Die Erfolgsformel ist in acht Worten auf die Rückseite jedes iPhones graviert: »Designed by Apple in California. Assembled in China«.

Im achten Stock wartete ein Uniformierter an einer Sicherheitsschleuse: Ein Metalldetektor wie am Flughafen. Er winkte uns müde vorbei. Das *Einschmuggeln* von Dingen schien hier nicht das Problem zu sein. Dahinter betraten wir ein stickiges, fensterloses Fabrikgeschoss mit niedrigen Decken. Längs durch den riesigen Raum zogen sich zwei dreißig Meter lange Tische. Zu beiden Seiten saßen Arbeiterinnen und Arbeiter, Schulter an Schulter auf Schemeln. Sie trugen hellblaue Kittel und hellblaue Käppchen. Vor ihnen, in der Mitte der Tische, bewegte sich ein schmales Fließband. Es roch nach gesäuberter Serverluft und war erstaunlich still. Man hörte nur das Schnurren von Akkuschraubern und gelegentlich das Flappen von Gummilappen, wenn ein Arbeiter eine Palette mit Kartons durch die Staubschutztür schob.

Herr Yang blieb hinter einem dünnen Mann stehen, der sofort aufsprang und sich verbeugte. Das war Tang. Er würde mich durch seinen Tag führen. Tang war achtundzwanzig, wie Jeremy, aber sein verschmitztes Lächeln und der dünne Flaum auf der Oberlippe machten ihn etwa halb so alt. Er brachte mich zu einem Schrank und gab mir Kittel und Kappe. Der Stoff fühlte sich an wie gewachst. Er war antistatisch. »Elektrische Ladung kann die Platinen der Telefone kaputt machen«, sagte Tang. »Außerdem dürfen keine Haare oder Schuppen in die Geräte fallen, deshalb die Mütze.« Der Faktor Mensch war in der Fabrik ein potenzielles Risiko, das es weitgehend auszuschalten galt.

> **SSST – ELF – SSST – ZWÖLF – SSST –**
> **DANN SASS AUCH DIE LETZTE SCHRAUBE.**
> **ES WAREN DREISSIG SEKUNDEN**
> **VERGANGEN. BIS ZUM FEIERABEND**
> **WÜRDE TANG DIESEN ARBEITSSCHRITT**
> **NOCH ACHTHUNDERTNEUNUNDNEUNZIG**
> **MAL MACHEN.**

Letzteres war tatsächlich ein großes Problem für Menschen wie Tang. China steht vor einer Herausforderung. Es muss den Schritt von der Werkbank zum Dienstleistungsland machen. Es braucht, um es mal so zu sagen, in Zukunft mehr Jeremys und weniger Tangs. Denn die Automatisierung, die Übernahme einfacher Tätigkeiten in der Industrie durch Roboter, wird kein Land der Welt so hart treffen wie China. Einer Studie der Weltbank zufolge sind siebenundsiebzig Prozent der Jobs hier automatisierbar. So viele sind es fast nirgends.

Tangs Job bestand aus dreizehn Schrauben. Sie waren kaum größer als Reiskörner und lagen vor ihm in einer Art Petrischale. Daneben stand ein Stapel roter Schaumstoffschablonen, in denen jeweils zwölf Smartphones transportiert wurden. Die magnetische Spitze von Tangs Schraubenzieher nahm die erste Schraube auf und setzte sie in ein winziges Gewinde im offenen Gehäuse des Geräts. Mit einem »Ssst« zog er sie fest und nahm die nächste auf. Ssst – elf – ssst – zwölf – ssst – dann saß auch die letzte Schraube. Er legte das Ganze aufs Fließband und nahm sich den Nachfolger aus der Schablone. Es waren dreißig Sekunden vergangen. Bis zum Feierabend würde Tang diesen Arbeitsschritt noch achthundertneunundneunzig Mal machen.

Mit dem Fließbandjob – sechs Tage die Woche und gelegentlich Überstunden – verdiente Tang viertausend Yuan, rund fünfhundert Euro. Davon konnte er mehr als die Hälfte sparen, sagte er. Einen Teil schickte er seiner Familie auf dem Land. Seit 2007 war er in Shenzhen. Seither hatte er in mehr als zehn Fabriken gejobbt; baute erst Spielzeug zusammen, dann Stereoanlagen. Schließlich hatte er über einen Freund den Job bei Herrn Yang bekommen. Hier wollte er bleiben: »Smartphones sind die Zukunft.«

Er war knapp siebenhundert Kilometer entfernt aufgewachsen, in einem Dorf in der Region Guanxi. Nicht weit für chinesische Verhältnisse. Wanderarbeiter sind oft dreitausend Kilometer und mehr von zu Hause entfernt. Sie brauchen für die Reise drei Tage im Zug. Trotzdem machte Tang den Weg nur einmal im Jahr: zum chinesischen Neujahr, Ende Januar. »In der Heimat zu bleiben ist nicht gut. Du kannst dich nicht weiterentwickeln«, sagte er. Außerdem halte er täglich Kontakt zu seiner Familie. Er holte sein iPhone raus. Es war fast das neueste Modell.

Im Jahr von Tangs Ankunft in Shenzhen hatte ein smarter Typ auf der anderen Seite des Planeten, in Kalifornien, ein neues Zeitalter eingeläutet. Steve Jobs präsentierte das erste iPhone. Ein Telefon ohne Tastatur, mit dem man im Internet surfen und Musik hören konnte und das sich per Apps an die Bedürfnisse jeder Nutzerin und jedes Nutzers anpasste – das war eine Revolution. Die Ära des Smartphones brach an. Für Shenzhen öffnete sich ein weiterer Wirtschaftszweig. Nirgends auf der Welt werden so viele

Mobiltelefone zusammengesetzt wie hier. Das iPhone, genau wie die meisten Modelle von Huawei, baut ein berüchtigter Zulieferer namens Foxconn. Der Konzern hat unglaubliche fast anderthalb Millionen Mitarbeiter. Er ist nach Personalstärke das größte Privatunternehmen Chinas. Weltweit haben nur Walmart und McDonalds mehr Angestellte.

> **OHNE MENSCHEN WIE TANG WÄRE CHINAS WACHSTUM UNDENKBAR. UNGEBILDETE LANDBEWOHNER, DIE IN DEN STÄDTEN DIE EINFACHSTEN, DRECKIGSTEN UND GEFÄHRLICHSTEN JOBS ÜBERNEHMEN, IN DER HOFFNUNG AUF DEN AUFSTIEG.**

Die Firma hat wirklich einen grauenhaften Ruf. Vor allem, seit sich 2010 Dutzende Arbeiter das Leben nahmen oder nehmen wollten. Vierzehn Selbstmorde und achtzehn Selbstmordversuche gab es allein in jenem Jahr. Dazu kamen noch mal zwanzig Menschen, die schon auf dem Dach standen, aber sich überreden ließen, doch nicht zu springen. Die Arbeiter und Arbeiterinnen, die sich dazu öffentlich äußerten, klagten über psychischen Terror. In den riesigen Fabriken, in denen die Angestellten auch wohnten, zwang die Firma sie zu Zwölf-Stunden-Schichten, sechsmal die Woche. Aufseher kontrollierten sogar die Schlafsäle, und wer am Fließband zu langsam war, den stellten die Schichtleiter öffentlich bloß.

Foxconn zog aus dem Skandal bemerkenswerte Konsequenzen. Die Firma bot jedem Mitarbeiter dreißig Dollar Belohnung, der einen Kollegen mit Suizidgedanken beim Vorgesetzten meldete. Und sie brachte Netze an den Fassaden der Wohnblöcke an – um die springenden Menschen aufzufangen. Seitdem lässt Foxconn keinen Journalisten mehr rein. Aber von Mitarbeitern, die heimlich mit Reportern gesprochen haben, weiß man: Es hat sich kaum etwas verbessert. Der Spruch auf der Rückseite des iPhones müsste in Wahrheit wohl lauten: Entworfen in Kalifornien. Zusammengesetzt in einem menschenfeindlichen Industrieghetto, unter militärischen Zwangsmaßnahmen.

Die Fabrik von Herrn Yang war vergleichsweise ein freundlicher Ort. Sie belieferte nicht den High-End-Markt, sondern produzierte Smartphones für den kleinen Geldbeutel, für um die hundert Dollar. Man nutzte sie vor allem in Südostasien, Afrika und in Osteuropa. Auch dieser Markt wird fast ausschließlich mit Modellen aus Shenzhen beliefert.

> **ES GIBT MASSENHAFT BERICHTE VON JUNGEN MENSCHEN WIE TANG, DIE NACH EINIGEN JAHREN IN DEN SMARTPHONE-FABRIKEN SHENZHENS KRANK WERDEN. RHEUMA. LUNGENKREBS. LEUKÄMIE.**

Mittags streifte Tang sich Mantel und Mütze ab und stieg durch den Metalldetektor. Die Teile, die Arbeiter in Smartphones verbauen, sind wertvoll. Genau wie die Rohstoffe, die dafür nötig sind. Kobalt, Wolfram und Gold stammen zum Teil aus Krisenregionen in Afrika, wo vielen Berichten zufolge schon Achtjährige in ungesicherten Erdlöchern von Hand danach graben. Solche sogenannten Konfliktrohstoffe stecken in fast jedem Smartphone. Und weil die Geräte im Schnitt nur zwei Jahre genutzt werden – weil die meisten Hersteller sie absichtlich so gestalten, dass sie kaum repariert werden können, und weil wiederum nur ein kleiner Teil der ausgemusterten Geräte recycelt wird –, finanzieren unsere Handys seit vielen Jahren zuverlässig Warlords in Zentralafrika, die die Minen kontrollieren.

Wir kamen ohne Alarm durch. Die Kantine lag im Erdgeschoss und roch nach Gummi und Abgasen. Man hatte beim Entwurf der Fabrik offenbar improvisiert. Ein Tisch mit dampfenden Töpfen und ein paar Plastikhocker standen in einer Ecke des Parkhauses. Wir bekamen Bohnen, Schweinefleisch und Reis in Styroporschalen und setzten uns neben einen Kleinwagen. Kurz darauf trat Herr Yang aus dem Aufzug, stieg grußlos in eine Lexus-Limousine und fuhr davon.

Ohne Menschen wie Tang wäre Chinas Wachstum undenkbar. Ungebildete Landbewohner, die in den Städten die einfachsten, dreckigsten und gefährlichsten Jobs übernahmen, in der Hoffnung auf den Aufstieg, haben das Land nach vorne gebracht. Ein anonymer Apple-Manager erzählte vor Jahren einem Reporter der *New York Times* eine Geschichte, die den chinesischen Hunger nach Aufstieg gut beschreibt: Ein paar Wochen, bevor das erste iPhone in den Läden stehen sollte, änderte Steve Jobs ein wichtiges Detail. Der Kratzfestigkeit wegen sollte das Display aus Glas sein, nicht aus Kunststoff. Die Fabrik in Shenzhen musste ihre Produktion komplett umbauen. Um Mitternacht lieferten Lastwagen die ersten Displays. Ein Foxconn-Vorarbeiter ging daraufhin in die Schlafsäle nebenan, weckte achttausend Arbeiterinnen und Arbeiter auf, drückte ihnen je eine Tasse Tee und einen Keks in die Hand, und eine halbe Stunde später begann die Fabrik, Glasdisplays zu verbauen. »Die Geschwindigkeit und Flexibilität ist atemberaubend«, sagte der Manager. »Keine amerikanische Fabrik kann da mithalten.«

Wie war das? Effizienz ist Leben? Falls dem so ist, hat sie einen hohen Preis. Es gibt massenhaft Berichte von jungen Menschen wie Tang, die nach einigen Jahren in den Smartphone-Fabriken

Shenzhens krank werden. Rheuma. Lungenkrebs. Leukämie. Es sind viele Fälle dokumentiert, in denen Arbeiterinnen Krebs bekamen, nachdem sie Tag für Tag Displays mit einem Mittel gereinigt hatten, das man als Bananenöl bezeichnet. In Wahrheit enthält die Flüssigkeit Benzol, dessen Dämpfe beim Einatmen hochgiftig sind. Auch in Tangs Fabrik saß an einem Tisch am hintersten Ende des Fließbands eine Gruppe Frauen, die die Displays der fertigen Telefone mit einer Flüssigkeit polierten. Sie trugen Gummihandschuhe; das immerhin. Aber statt Atemschutz nur eine hellblaue OP-Maske aus Papier.

Tang schien das wenig zu kümmern. Er lebte den chinesischen Traum. Während er sich mit Stäbchen rasend schnell Bohnen in den Mund schob, erzählte er, wie sein Leben wohl aussähe, wenn er zu Hause in Guanxi geblieben wäre:»Ich würde wahrscheinlich als Motorradkurier arbeiten oder als Kellner.« Damit würde er höchstens ein Drittel verdienen. Stattdessen sparte er auf ein Auto und irgendwann ein Haus. Noch war er ganz unten, bei den dreizehn Schrauben, aber mit seinem Wissen über Smartphones würde er bald weiter aufsteigen. Tang vertraute dem System.

Später am Tag führte er mich zu sich nach Hause. Er hatte es nicht weit. Einmal über die Straße, wo ein trostloser Spielplatz unter der Smogdecke lag, und gegenüber in eine nach Bratfett stinkende Gasse, durch die ein offener Abwasserkanal Plastiktüten spülte. Er schloss ein rostiges Gitter auf, dahinter eine Stahltür. Es ging rauf in den sechsten Stock, durch düstere Gänge, in denen sich das Licht der Neonröhren in öligen Pfützen spiegelte. Es roch nach Urin. Dann waren wir in seinem Zimmer. Acht Stockbetten aus Metall standen an den Wänden, darauf lagen bunte Polyesterdecken mit Manga-Print. Zwei Männer um die Zwanzig lungerten darauf herum und daddelten an ihren Handys. Der Rest der Bewohner arbeitete noch. Herr Yang hatte das ganze Haus gemietet. Die Arbeiter lebten hier umsonst.

Es gibt laut offizieller Statistik definitiv nicht mehr vorstellbare zweihundertsiebenundachtzig Millionen solcher Wanderarbeiter in China. Das heißt auch: Die Städte sind voll, Wohnraum wird knapp. Nach Jahrzehnten der Ein-Kind-Politik überaltert die Bevölkerung. Und als Folge des Wirtschaftswachstums gibt es immer weniger junge Menschen, die die eintönigen Knochenjobs noch machen möchten – es gibt längst auch bequemere Möglichkeiten, Geld zu verdienen. Die Folge ist, dass die Arbeitskosten steigen. Seit 2002 haben sie sich versechsfacht. China ist kein Billiglohnland mehr. Die Werkbank verlagert sich. Foxconn hat längst Fabriken in Indien eröffnet.

Im Stadtteil Nanshan, im Südwesten von Shenzhen, verfallen bereits die ersten Fabrikhallen in der Tropenhitze. Sie sehen hundert Jahre alt aus, stammen aber aus den späten Achtzigern. Die ehemalige Industriezone namens Overseas Chinese Town haben renommierte Architekten vor kurzem in eine hippe Loftsiedlung verwandelt. An meinem letzten Nachmittag spazierte ich dort über einen gewundenen Holzpfad zwischen Bambus und den Ruinen, die heute von außen bunt bemalt, innen entkernt, verglast und von Start-ups bezogen waren. Es gab Jazz-Bars, Galerien und französische Bäckereien. Ein subtropisches künstliches Brooklyn.

Für China war das eine Sensation. Schließlich werden solche Brachen dort üblicherweise sofort abgerissen und neu bebaut. Aber warum nicht? Wieder mal ein *ganz* neues Experiment. Kreative und Gründer anlocken. In den Ruinen der Fabriken, in denen die Generation ihrer Eltern noch Turnschuhe verklebt und Radios verlötet hat, entwickeln junge Unternehmer jetzt Apps, die sie an neunhundert Millionen chinesische Smartphone-Nutzer ausspielen können. Das hier soll die Zukunft sein. Der erste Schritt weg von der Werkbank.

# MIT ELEFANTEN IM STOCKBETT

Es war fünf Uhr morgens, als ich mich in der beginnenden Dämmerung an die Blockhütten heranschlich, und so still wie sonst nie. Die Grillen und Zikaden hatten ihre Schicht fast beendet, die Vögel ihre noch nicht begonnen – selbst die schwarz-weißen Affen, die sonst permanent schreiend über die Dächer rannten, schienen noch zu schlafen. In dieser kurzen Umbaupause zwischen Nacht und Tag hörte ich rings um die Hütten nur ein leises Schaben. Ein zaghaftes Raspeln, wie von einer Bürste auf Wildleder. Ich brauchte einen Moment, bis ich verstand: Die Bewohner der Hütten waren wach. Und sie hatten bemerkt, dass ich da draußen war. Das Schleichen hätte ich mir sparen können.

Ich war schon ein paar Tage hier, an diesem merkwürdigen Ort bei Nairobi, der bis heute einer der traurigsten und gleichzeitig schönsten Orte ist, die ich je besucht habe. Die Ansammlung von Blockhütten in einem Waldstück war ein Waisenhaus. Die Bewohner lebten in Doppelzimmern, jeder mit einer eigenen Tür und eigenem Bett. Männer in Kampfanzügen und mit Kalaschnikows im Arm bewachten den Eingang. Keira Knightley hatte sich mit den Waisen mal für die *Vogue* fotografieren lassen, diverse britische Thronfolger waren da gewesen, und auch Melania Trump hatte mal einen Abstecher gemacht.

Reguläre Besucher ließ das Haus nur eine Stunde am Tag ein, von elf bis zwölf Uhr mittags. Deshalb hatte ich an diesem Morgen versucht, möglichst niemanden aufzuwecken, als ich von einem

der Nachtwächter ausnahmsweise schon bei Dunkelheit reinge-
lassen worden war. Denn die Bewohner brauchten, neben Milch
und einem ausgedehnten täglichen Schlammbad, sehr viel Ruhe.
Es sind Elefanten. Das schabende Geräusch stammte von Rüsseln,
die versuchten, eine Holztür zu öffnen.

> **ES GIBT BEWAFFNETE ANTI-WILDERER-
> EINHEITEN, MOBILE TIERÄRZTE UND
> HUNDESTAFFELN, VIER KLEINFLUGZEUGE
> UND EINEN HELIKOPTER.**

Vor allem die Neuzugänge hatten nachts oft Albträume. Mit ihren
Schreien weckten sie nicht selten das ganze Camp auf. Deshalb
stand in jeder der Hütten ein Stockbett: Eine Matratze oben, eine
unten. Oben im Bett schlief ein Pfleger, unten ein Elefant. So war
bei schlechten Träumen gleich jemand zum Trösten da.

Julius war einer der Pfleger. Er war gerade aufgestanden, kniete
vor dem Bett und schnürte seine hohen Lederstiefel zu. Wir be-
grüßten uns mit Handschlag, dann spürte ich eine feuchte Berührung an meinem Unterarm. Von unten aus dem Schatten der
Hütte streckte sich mir ein Rüssel entgegen, dampfend in der
Nachtkälte.

Der kleine Bulle war ein Jahr alt, wog knapp zweihundert Kilo
und reichte mir bis zur Hüfte. Julius hatte ihm eine karierte Decke
über den Rücken gelegt. Der Elefant trottete, vor Müdigkeit noch
leicht wankend, raus in den Hof. Aus den umliegenden Hütten
schälten sich die anderen Bewohner. Ein Grunzen und Schnauben
und Prusten flutete die Stille. Als sich alle mit Rüssel-Umarmun-
gen begrüßt hatten, stapften sechsundzwanzig Tiere im Gänse-
marsch Richtung Wald.

Hinter der Gruppe gingen, wie entspannte Kindergärtner, Julius und seine fünf Kollegen, in grünen Mänteln und mit Fischerhüten auf dem Kopf. Die sechs raunten den Tieren auf Kiswahili Koseworte zu und gaben ihnen liebevolle Klapse auf die Flanken. Von hinten erinnerten die Elefanten mich an menschliche Teenager: Der schlaksige, leicht x-beinige Gang in der noch viel zu weiten Haut, die ihnen wie Baggy Pants unter dem Hintern hing.

Was für ein magischer Moment, dachte ich. Diese Tiere werden mal zum Majestätischsten heranwachsen, was wir auf unserem Planeten haben; aber ob nun die kleinen unter ihnen noch ganz und gar schmusebedürftig sind oder die etwas älteren schon schwerer als ein VW Golf – jeder von ihnen ist nur am Leben, weil es Männer wie Julius gibt.

Der Nairobi-Nationalpark, in dem das Waisenhaus liegt, ist ein seltsames Reservat. Afrikanische Schutzgebiete erstrecken sich normalerweise über zehntausende Quadratkilometer, weitab von Großstädten. Dagegen ist dieser hier winzig. Und er ragt wie ein Keil mitten in die kenianische Hauptstadt. Die Giraffen können die Skyline sehen, während sie Triebe von den Akazienbäumen fressen. Immer mal wieder streifen Löwen durch Vororte.

In diesem außergewöhnlichen Park befindet sich eine der außergewöhnlichsten Tierschutzeinrichtungen der Welt. Der Sheldrick Wildlife Trust war vor vierzig Jahren die erste Aufzuchtstation für verwaiste Elefanten. Vorher galten Jungtiere, die ihre Mutter verloren hatten, als dem Tode geweiht. Elefanten trinken zwei Jahre lang Milch und bleiben mindestens neun Jahre bei ihren Müttern. Die Gründerin des Waisenhauses, eine weiße Kenianerin namens Daphne Sheldrick, entwickelte eine Rezeptur für Milch, die der Magen der Kälber verträgt (das Geheimnis ist Kokosfett). So konnten Menschen die Waisen mit der Flasche aufziehen und später in einem der größeren Nationalparks auswildern.

Längst ist der Wildlife Trust zu einer beachtlichen Organisation gewachsen. Daphne Sheldrick wurde von Queen Elizabeth zur Dame ernannt, sozusagen zum weiblichen Sir. Es gibt bewaffnete Anti-Wilderer-Einheiten, mobile Tierärzte und Hundestaffeln, die gewildertes Elfenbein und verletzte Tiere wittern. Der Trust hat Lastwagen zum Transport von Elefanten, vier Kleinflugzeuge und einen Helikopter. Er schützt den Nationalpark, jagt illegale Fallensteller und sammelt verletzte Wildtiere – also nicht mehr nur Elefanten – aus ganz Ostafrika ein. Zur Gruppe der Waisenkinder gehörte etwa auch eine mannshohe Babygiraffe namens Kiko. In einem weitläufigen Palisadengehege gegenüber der Blockhütten lebte Maxwell, ein blindes Nashorn, und kaute den ganzen Tag friedlich Karotten.

> **JULIUS SCHLIEF JEDE NACHT IN EINEM ANDEREN STALL, ÜBER EINEM ANDEREN WAISENKIND. WENN EIN PFLEGER MAL KRANK WURDE ODER ZWEI WOCHEN URLAUB HATTE, STARBEN DIE BABYS SONST IM SCHLIMMSTEN FALL.**

Das Waisenhaus war ein Ort, den ich vor allem als intensiv bezeichnen würde. Von der Ankunft bis zur Abreise machte er mich abwechselnd fröhlich und traurig. Was hier für mich deutlich wurde, durch die Pfleger, die Tiere und ihrem Umgang miteinander, waren zwei Dinge: Die Notwendigkeit des bedingungslosen Respekts vor der Natur. Aber auch wieder mal die brutale Gleichgültigkeit, mit der wir Menschen diese Natur so oft behandelten.

Da war zum Beispiel Karisa, ein sechs Monate alter Bulle. Er hatte seine Mutter zwei Tage lang vor Hyänen beschützt, nachdem sie zusammengesackt war – mit einem von Kugeln zerfetzten Vorderlauf und Einschusslöchern im Kopf. Zwei Tage vorher war sie mit ihrem Kalb zum Fressen in ein Maisfeld eingedrungen.

Da war Galla, den Parkranger nur zufällig vom Helikopter aus entdeckt hatten – nachdem sie eine Woche zuvor den Kadaver einer milchgebenden Elefantenkuh gefunden hatten. Ihre Stoßzähne waren mit Äxten abgehackt.

Und da war Jotto. Er steckte in einem Brunnen im Namunyak-Wildtierreservat fest, wo ein Viehhirte ihn fand. Vermutlich war er zwei Tage vorher beim Trinken hineingefallen. Die Ranger suchten einen Tag lang seine Mutter, fanden sie aber nicht.

## MIT ELEFANTEN IM STOCKBETT

Die Waisen standen jetzt auf einer Lichtung in der Morgensonne und zupften mit den Spitzen ihrer Rüssel junge Blätter von einem Strauch. Eine Gruppe Pfleger saß dabei und unterhielt sich leise. Etwas abseits hockte Julius; er hatte die Handflächen um den Rüssel eines kleinen Elefanten gelegt und rollte ihn hin und her, als würde er versuchen, mit einem Stöckchen Feuer zu machen. Der Elefant machte ein schlürfendes Geräusch und wackelte genussvoll mit dem Kopf. Etwas Schleim tropfte aus der Spitze. »Das ist ihr liebstes Morgenritual«, sagte Julius. »Rüsselmassage.«

> **EIN STOSSZAHN BRINGT KENIANISCHEN WILDERERN HEUTE UM DIE TAUSEND DOLLAR, SCHÄTZT MAN BEIM SHELDRICK WILDLIFE TRUST. FÜR MENSCHEN, DIE IN POSTKOLONIALER ARMUT LEBEN, IST DAS EIN BETRAG, FÜR DEN FAST KEIN RISIKO ZU GROSS IST.**

Er sprach mit den Tieren im ruhigen Tonfall eines Therapeuten, der ein wildes Kind besänftigen will. »Der Verlust ihrer Mütter macht die Kleinen depressiv«, sagte er, während er den Rüssel weiter bearbeitete. »Sie sind gestresst und schwer traumatisiert. Deshalb brauchen sie rund um die Uhr Nähe.« Er hatte in seinem Leben viele Jungtiere gesehen, die vor gefüllten Futtertrögen verhungerten. »Wenn ein Elefant keinen Lebenswillen mehr hat, kann man ihm nicht mehr helfen.«

Früher hatte Julius als Spurenleser in einem Wildtierreservat gearbeitet. Seit sieben Jahren lebte er hier; exakt im Rhythmus der Elefanten. Und wie die anderen Pfleger auch, schlief er jede Nacht in einem anderen Stall, über einem anderen Waisenkind. Keines von ihnen sollte sich zu sehr an einen bestimmten Menschen gewöhnen. »Wenn ein Pfleger mal krank wird oder zwei Wochen Urlaub hat, sterben die Babys sonst im schlimmsten Fall.«

Was hier passierte, war ein kleiner Lichtblick in einem monströsen Tunnel. Das Artensterben schreitet schneller voran als je zuvor in der Geschichte des Planeten. Bis zu eine Million Tier- und Pflanzenarten sind vom Aussterben bedroht, berichteten die Vereinten Nationen 2019. »Das unentbehrliche Netz des Lebens auf der Erde wird kleiner und franst immer mehr aus«, sagte Josef Settele, der Co-Vorsitzende des Umweltberichts zum ökologischen Zustand der Erde.

Jede Art trägt eine Jahrmillionen alte Geschichte der Evolution in sich. Einen Faden, der zurück zu den Ursprüngen des Planeten führt. Jetzt reißen so viele dieser Fäden ab, dass das ganze Netz brüchig wird. Der Elefant als größtes Landtier des Planeten ist nur ein nicht zu übersehendes Beispiel dafür. In seiner krassen Dezimierung in freier Wildbahn spiegeln sich beide Seiten unserer Gewalt: Die konkrete, mit der wir Tiere niedermetzeln, um an die für uns verwertbaren Teile ihrer Körper zu kommen. Und die indirekte Gewalt, die wir ausüben, indem wir Lebensraum vernichten. Auch Landstraßen, Maisfelder und Einkaufszentren sind Waffen.

Dass sich die Elefantenbestände in Kenia in den letzten dreißig Jahren stabilisiert haben – auf kleinem Niveau –, kann da kein Trost sein. Der African Elephant Status Report hat 2016 festgestellt, dass die gesamte Zahl der Tiere – fünfhunderttausend in ganz Afrika – in weniger als zehn Jahren um hunderttausend zurückgegangen ist. Der stärkste Verlust seit einem Vierteljahrhundert. Naturschützer erklärten das mit einer Zunahme der Wilderei, nachdem einige afrikanische Länder 2008 große Mengen an gelagertem Elfenbein nach China und Japan verkauft hatten. Denn dadurch war der Handel erst wieder so richtig in Gang gekommen – die Preise waren in die Höhe geschossen. Ein Stoßzahn bringt kenianischen

Wilderern heute um die tausend Dollar, schätzt man beim Sheldrick Wildlife Trust. Für Menschen, die in postkolonialer Armut leben, ist das ein Betrag, für den fast kein Risiko zu groß ist.

Auf der von der morgendlichen Sonne beschienenen Lichtung kam Bewegung in die Gruppe. Es begann damit, dass einer der Pfleger aufstand und sich den roten Staub vom Hintern klopfte. Wie auf ein Signal hin hörten die Elefanten auf zu grasen und verschwanden eilig im Gebüsch; die größeren voran. Sie trabten einen Pfad entlang; fielen hinter jeder Abbiegung in einen schnelleren Gang. Julius und ich mussten joggen, um mitzukommen. Nach ein paar hundert Metern öffneten sich die Büsche – und da stand der Grund für die Unruhe: Eine Gruppe Pfleger mit Schubkarren. Darin ein Stapel weißer Plastikflaschen. Die Männer kamen kaum hinterher, jede Flasche in ein gieriges Maul zu stecken. Danach hielten die Babys die Flaschen mit ihren Rüsseln selbst so lange hoch, bis sie in einem Zug leer gesaugt waren. Das also war die berühmte Elefantenmilch.

Was ich bald lernte: Elefanten sind durch und durch sozial. Ein paar Wochen vor mir war ein winzig kleines Baby in der Station angekommen. Es ging mir gerade bis zum Oberschenkel. Die Kleine hieß Tamiyoi, war bis auf die Knochen abgemagert und bewegte sich so langsam, als würde sie schlafwandeln. Ihre Hinterfüße schleiften durch den Staub, ihre Haut war so dünn wie zerknülltes Seidenpapier. Bis zu meiner Abreise war unklar, ob sie überleben würde. Aber jeden Morgen beobachtete ich etwas Unglaubliches. Wenn die Gruppe sich versammelte – zum Trinken oder zum Baden –, scharten sich die größeren Waisen um Tamiyoi. Sie legten ihr die Rüssel über die mageren Schultern, stupsten sie sanft mit der Stirn. Wenn ich mich näherte, schob sich meist ein etwas älteres Kalb zwischen uns und drängte mich ab.

»Elefanten haben so was wie einen sechsten Sinn«, sagte Julius, als ich ihn fragte. »Eine tiefe Verbundenheit zueinander. Egal wie alt sie sind, sie sind füreinander da und helfen einander.«

## MIT ELEFANTEN IM STOCKBETT

Es war einfach rührend: Die älteren Waisen, deren Trauma oft erst ein paar Monate länger her war, nahmen für die jüngeren selbstverständlich die Mutterrolle ein.

Seit sich die Bestände in Ostafrika erholen, ist ein anderes Problem entstanden. Die Tiere kehren zurück in ihre alten Weidegründe; aber die sind inzwischen stark beschnitten. Die gewaltigen, seit Jahrhunderten gewohnten Marschrouten der Elefanten – eine Herde in Kenia bewegt sich über eine Fläche von bis zu fünfzehnhundert Quadratkilometern – sind längst von Straßen zerschnitten und von Kleinbauern besiedelt. Immer häufiger kommt es zum Kontakt mit Menschen.

Früher war das unproblematischer, sagen Expertinnen. Die Menschen waren an das Zusammenleben mit den Elefanten gewöhnt; sie lebten als halbnomadische Viehhirten. Erst der Ackerbau, den die europäischen Besatzer der Bevölkerung aufzwangen, machte das zum Problem. »Mensch-Elefant-Konflikte«, wie das unter Wissenschaftlern genannt wird, haben in den vergangenen Jahren massiv zugenommen. Etwa fünfhundert Afrikaner kommen im Jahr dabei ums Leben. Sie gehören meist zu den Ärmsten der Armen, leben als kleinbäuerliche Selbstversorger am Rand der Savanne, meist von weniger als einem Dollar am Tag. Eine Herde Elefanten, die in einer Nacht ein Feld wegfrisst, kann für sie den Hungertod bedeuten. Nicht selten nehmen die Dorfbewohner deshalb Rache.

In den Tagen, die ich in der Aufzuchtstation verbrachte, wuchs mir ein Tier besonders ans Herz: Jotto, der kleine Bulle aus dem Brunnen. Er blieb oft in meiner Nähe und streckte mir den Rüssel entgegen. Ich sollte hineinpusten, erklärte mir Julius, »damit er weiß, dass es dir gut geht.«

Einmal saß ich weit abseits der Gruppe im Schneidersitz. Da löste sich ein Fleck aus der Gruppe, die sich gerade gemeinsam im Staub wälzte. Es war Jotto. Er eilte auf mich zu, stupste mich mit seinem schweren Kopf an, schob seinen Rüssel unter meine Achsel und stampfte so lange mit den Füßen, bis ich aufstand und mit ihm zurück zur Gruppe ging.

Am letzten Tag forderte Jotto mich zu einem kleinen Kampf heraus. Wir standen an einem Wasserloch, in dem sich die Waisen jeden Nachmittag mit größter Leidenschaft mit Schlamm einrieben – ihrem natürlichen Insekten- und Sonnenschutz. Das war mein liebster Moment des Tages: Zwei Dutzend übermütige Tiere, die sich mit ihren insgesamt fünfzehn Tonnen Lebendgewicht trötend in die Pfützen warfen, bis ihre matt-graue Haut von den Ohren bis zum Schwanz mit dem rostroten Schlamm Ostafrikas benetzt war. Jotto stand zuerst bei uns und begann, mich mit seiner breiten Stirn an der Hüfte zu stoßen. Ich hielt dagegen und stieß zurück. Es entwickelte sich ein kleines Wettdrücken. Er ging zwei Schritte rückwärts und nahm Anlauf, ich wich aus. Er peitschte mich spielerisch mit seinem Rüssel. Es war ein Kräftemessen, bei dem er mir mit seinen zweihundert Kilo natürlich weit überlegen war. Aber er war, wie alle Elefanten, zart und rücksichtsvoll.

Einmal beobachtete ich, wie ein schwarzer Mistkäfer eine Kugel Elefanten-Dung quer über einen Waldpfad rollte. Ein schlechteres Timing hätte er sich nicht aussuchen können. Denn just in dem Moment kam die Herde der Waisenkinder den Pfad entlanggepoltert, auf dem Weg zur Milchausgabe. Der Boden zitterte schon, tschüss, kleiner Mistkäfer! Aber nachdem alle Elefanten vorbeigerannt waren und der Staub sich setzte, marschierte der Käfer weiter, völlig unbeschadet. Sogar die Mistkugel war noch intakt.

Wie konnten diese Tiere so liebevoll sein, so sensibel? Und das nach allem, was Menschen ihnen angetan hatten? Ich ertappte mich irgendwann bei dem Gedanken, dass es ja vielleicht Absicht war. Dass die Waisen sich bewusst vorgenommen hatten, uns Menschen jetzt erst recht zu zeigen, was das war: Mitgefühl und Rücksicht gegenüber anderen Lebewesen. Wahrscheinlich geht es aber eher darum, dass sie *allen* Wesen gegenüber so mitfühlend sind. Wir Menschen nehmen uns oft ein bisschen wichtig, glaube ich. Jotto und ich haben uns nie wiedergesehen. Aber ich habe sein Leben aus der Ferne verfolgt. Julius und die anderen Pfleger führen für jedes der Waisenkinder ein öffentliches Tagebuch. Dem entnahm ich auch, dass Tamiyoi, der kleine abgemagerte Neuzugang, überlebt hat und die Gruppe inzwischen als zweite Leitkuh mit anführt.

Zwei Jahre nach meinem Besuch, an einem heißen Tag im Juni, war Jotto bereit für den zweiten und letzten Umzug seines Lebens. Es ging in die Auswilderungsstation. Sie liegt im Tsavo-East Nationalpark, wo die Elefanten sich allmählich mit wild lebenden Tieren anfreunden und sich ihren Herden irgendwann anschließen. Dort lebt Jotto jetzt und lernt, wie die Pfleger notieren, von den älteren wilden Bullen gerade, wie man in der Savanne nach Wasser gräbt.

Ein Moment kommt in meiner Erinnerung immer wieder hoch, wenn ich an die Woche in Nairobi denke. »Willst du mal einen Elefanten lachen hören?«, hatte Julius mich gefragt. Wir hockten mittags im Schatten eines Buschs; die Waisen ringsum zupften mit ihren Rüsselspitzen junge Triebe aus der Erde oder dösten mit dem Kopf auf dem Schoß eines Pflegers. Neben uns stand Jotto. Julius griff unter den Bauch des Elefanten und kratzte ihn in einer Falte unter der Achsel. Der Elefant begann zu prusten und seinen Kopf auf- und abzuwippen; sichtbar vergnügt. »Jetzt du«, sagte Julius, und ich griff vorsichtig in die Falte. Sie war warm und trocken. Ich kitzelte erst vorsichtig. Dann, als Jotto wieder anfing zu grunzen, etwas stärker. Er verlagerte sein Gewicht und lehnte sich auf meine Hand, er hörte gar nicht mehr auf zu prusten, auch dann nicht, als ein prasselndes Geräusch einsetzte. Es klang, als hätte jemand einen Feuerwehrhydranten geöffnet. Und plötzlich lachte nicht mehr nur Jotto, sondern auch Julius neben mir. Zwei Pfleger, die in der Nähe saßen, stimmten ein. Eine dunkle Pfütze breitete sich im Staub unter dem Elefanten aus. Mein linker Schuh war nass. Jotto lachte immer noch.

An diese Szene denke ich bis heute gelegentlich. Wie wir da unter Akazien sitzen und gackern, immer lauter, Julius, Jotto, die Pfleger und ich. Einfach ein paar Säugetiere, die auf ihrem gemeinsamen Planeten Spaß haben.

# DANK

Auch dieses Buch hat einen Maschinenraum. Es wäre nie erschienen ohne die harte und oft unsichtbare Arbeit all der Kolleg:innen, die die Geschichten ausgegraben und anrecherchiert haben. Sie planen die oft irrsinnig komplizierten Reisen, finden Protagonisten, behalten unterwegs den Überblick, schleppen teure Gerätschaften durch Wälder und Wüsten, drehen die Filme, schneiden und texten sie. Mein größter Dank geht deshalb an meine lieben Mitreisenden: Axel Funck, Eva-Maria Gfirtner, Larissa Kindt, Marius Klohn, Lena Ledwa, Andreas Linde, Vanessa Nicoletti, Nina Schäfer, Cedric Schmid, Lorena Schüle, Elisabeth Shapiro, Gabriel Streif, Markus Strobel und Ivo Wellmann.

Außerdem danke ich meinem Chef bei Galileo, Christian Schleker, und meinen Ressortleiter:innen bei der SZ, Tanja Rest, Kathi Riehl und Christian Mayer, für ihr Vertrauen und ihre oft strapazierte Geduld.

Herzlichen Dank auch allen Expert:innen, die mir komplexe Dinge so erklärt haben, dass ich glaube, sie verstanden zu haben: Hans-Heinrich Bass von der Hochschule Bremen, Edith Gmeiner von Fairtrade Deutschland, Dirk Hebel vom KIT Karlsruhe, Ziad Heilani und Paul-Gerhard Ringwald von der Hochschule Albstadt-Sigmaringen, Indira Nurul Qomariah vom COP und Arnaud Vander Velpen vom UNEP.

## DANK

Zum Schluss danke ich meiner Agentin Imke Rösing, Hans Peter Buohler vom Knesebeck Verlag, der an das Projekt geglaubt und es immer wieder in die richtige Richtung gestupst hat, sowie Jürgen Teipel für sein gnadenloses Lektorat. Danke an meine Freunde Jakob Biazza und Friedemann Karig, die mir ganz am Anfang Mut gemacht haben, und Martina Martinovic für die Idee zum Titel.

# ÜBER DEN AUTOR

Jan Stremmel, geboren 1985, arbeitet als Reporter für die *Süddeutsche Zeitung am Wochenende* und das Wissensmagazin *Galileo*. Seine Texte erhielten diverse Auszeichnungen. Er studierte Kunstgeschichte, Geschichte und Germanistik in München und Santiago de Compostela und absolvierte die Deutsche Journalistenschule. Er lebt in Berlin.

Deutsche Originalausgabe
Copyright © 2021 von dem Knesebeck GmbH & Co. Verlag KG, München
Ein Unternehmen der Média-Participations

Projektleitung: Hans Peter Buohler, Knesebeck Verlag
Lektorat: Hans Peter Buohler, Knesebeck Verlag,
und Jürgen Teipel, Schondorf am Ammersee
Gestaltung und Umschlaggestaltung: Favoritbüro, München
Umschlagmotiv: © Trevor Williams/GettyImages
Satz und Herstellung: Arnold & Domnick, Leipzig
Druck: Livonia Print, Riga
Printed in Latvia

ISBN 978-3-95728-515-7

www.knesebeck-verlag.de